蔣廷黻 著

中國近代史

商務印書館

本書內容據商務印書館民國二十七年（1938 年）七月原刊本校訂

中國近代史

作　　者：蔣廷黻

責任編輯：徐昕宇

封面設計：張　毅

出　　版：商務印書館 (香港) 有限公司

　　　　　香港筲箕灣耀興道 3 號東滙廣場 8 樓

　　　　　http://www.commercialpress.com.hk

發　　行：香港聯合書刊物流有限公司

　　　　　香港新界荃灣德士古道 220-248 號荃灣工業中心 16 樓

印　　刷：美雅印刷製本有限公司

　　　　　九龍觀塘榮業街 6 號海濱工業大廈 4 樓 A 室

版　　次：2024 年 5 月第 1 版第 9 次印刷

目　錄

小　序

　　這本《中國近代史大綱》是民國二十七年五、六兩月起草的。那時我已辭去駐蘇大使的任務，還未恢復行政院政務處的職掌，在漢口有幾個月的安逸，於是趁機寫這本小書。

　　我在清華教學的時候，原想費十年功夫寫部近代史。抗戰以後，這種計劃實現的可能似乎一天少一天。我在漢口的那幾個月，身邊圖書雖少，但是我想不如趁機把我對我國近代史的觀感作一個簡略的初步報告。這是這書的性質，望讀者只把它作個初步報告看待。

總　論

　　中華民族到了十九世紀就到了一個特殊時期。在此以前，華族雖已與外族久已有了關係，但是那些外族都是文化較低的民族。縱使他們入主中原，他們不過利用華族一時的內亂而把政權暫時奪過去。到了十九世紀，這個局勢就大不同了，因為在這個時候到東亞來的英、美、法諸國絕非匈奴、鮮卑、蒙古、倭寇、滿清可比。原來人類的發展可分兩個世界，一個是東方的亞洲，一個是西方的歐美。兩個雖然在十九世紀以前曾有過關係，但是那種關係是時有時無的，而且是可有可無的。在東方這個世界裏，中國是領袖，是老大哥，我們以大哥自居，他國連日本在內，也承認我們的優越地位。到了十九世紀，來和我們打麻煩的不是我們東方世界裏的小弟們，是那個素不相識而且文化根本互異的西方世界。

　　嘉慶道光年間的中國人當然不認識那個西方世界。直到現在，我們還不敢說我們完全了解西洋的文明。不過有幾點我們是可以斷定的。第一，中華民族的本質可以與世界上最優秀的民族比。中國人的聰明不在任何別的民族之下。第二，中國的物產雖不及俄、美兩國的完備，然總在一般國家水平線之上。第三，我國秦始皇的廢封建為郡縣及漢唐兩朝的偉大帝國足證我民族是有政治天才的。是故論人論地，中國本可大有作為。然而到了十九世紀，我民族何以遇着空前的難關呢？第一是因為我們的科學不及人。人與人的競爭，民族與民族的競爭，最足以決勝負的，莫過於知識的高低。科學的知識與非科學的知識比賽，好像汽車與洋車的比賽。在嘉慶道光年間，西洋的科學基礎已經打好了，而我們的祖先還在那裏作八股文，講陰陽五行。第二，西洋已於十八世紀中年起始用機械生財打仗，而我們的工業、農業、運輸、軍事，仍保存唐宋以來的模樣。第三，西洋在中古的政治局面很像中國的春秋時代，文藝復興以後的局面很像我們的戰國時代。在列強爭雄的生活中，西洋人養成了熱烈的愛國心，深刻的民族觀念；我們則死守着家族觀念和家鄉觀念。所以在十九世紀初年，西洋的國家雖小，然團結有如鐵石之固；我們的國家雖大，然如一盤散沙，毫無力量。總而言之，到了十九世紀，西方的世界已經具備了所謂近代文化。而東方的世界則仍滯留於中古，我們是落伍了！

近百年的中華民族根本只有一個問題，那就是：中國人能近代化嗎？能趕上西洋人嗎？能利用科學和機械嗎？能廢除我們家族和家鄉觀念而組織一個近代的民族國家嗎？能的話我們民族的前途是光明的；不能的話，我們這個民族是沒有前途的。因為在世界上，一切的國家能接受近代文化者必致富強，不能者必遭慘敗，毫無例外。並且接受得愈早愈速就愈好。日本就是一個好例子。日本的原有土地不過中國的一省，原有的文化幾乎全是隋唐以來自中國學去的。近四十餘年以來，日本居然能在國際上作一個頭等的國家，就是因為日本接受近代文化很快。我們也可以把俄國作個例子。俄國在十五世紀、十六世紀、十七世紀也是個落伍的國家，所以那時在西洋的大舞台上，幾乎沒有俄國的地位；可是在十七世紀末年，正當我們的康熙年間，俄國幸而出了一個大彼得，他以專制皇帝的至尊，變名改姓，微服到西歐去學造船，學煉鋼。後來他又請了許多西歐的技術家到俄國去，幫助他維新。那時許多的俄國人反對他，尤其是首都莫司哥的國粹黨。他不顧一切，奮鬥到底，甚至遷都到一個偏僻的，但是濱海的尼瓦河旁，因為他想靠海就容易與近代文化發源地的西歐往來。俄國的近代化基礎是大彼得立的，他是俄羅斯民族大英雄之

明治天皇像

明治天皇（祐宮睦仁，1852—1912，
1867—1912 年在位）是日本"明治
維新"的支持者。明治維新使日本從
一個貧弱的封建國家，僅用了半個世
紀，便實現了社會、經濟、軍事多方
面的脫胎換骨，成為一個先進的資本
主義國家。

彼得大帝像

彼得一世（1672 — 1725），俄國羅曼諾
夫王朝第四代沙皇（1682 — 1725 年在
位）。俄國最傑出的沙皇之一，被尊
稱為彼得大帝。他制定的西方化政策
是使俄國變成一個強國的主要因素。

一，所以今日的斯塔林還推崇他。

　　土耳其的命運也足以表示近代文化左右國家富強力量之大。在
十九世紀初年，土耳其帝國的土地跨歐、亞、非三洲，土耳其人也是
英勇善戰的。卻是在十九世紀百年之內，別國的科學、機械和民族主
義有一日千里的長進，土耳其則只知保守，因此土耳其遂受了歐洲列
強的宰割。到了一八七八年以後，土耳其也有少數青年覺悟了非維新
不可，但是他們遇着極大的阻力：第一，土耳其的國王，如我國的滿
清一樣，並無改革的誠意。第二，因為官場的腐敗，創造新事業的經

凱末爾像

穆斯塔法‧凱末爾‧阿塔圖爾克（Mustafa Kemal Atatürk，1881 — 1938）是土耳其共和國第一任總統，改革家，被譽為現代土耳其的肇建者、土耳其之父。

費都被官僚侵吞了，浪費了。國家沒有受到新事業的益處，人民已加了許多的苛捐雜稅，似乎國家愈改革就愈弱愈窮。關於這一點，土耳其的近代史也很像中國的近代史。第三，社會的守舊勢力太大，以至有一個人提倡維新，就有十個人反對。總而言之，土耳其在十九世紀末年的維新是三心二意的，不徹底的，無整個計劃的，其結果是在上次世界大戰中的慘敗，國家幾致於滅亡。土耳其人經過那次大國難以後一致團結起來，擁護民族領袖基馬爾（註：又譯為凱末爾），於是始得復興。基馬爾一心一意為國家服務，不知有他。他認識了時代的潮流，知道要救國非徹底接受近代的文化不可。他不但提倡科學、工業，他甚至改革了土耳其的文字，因為土耳其的舊文字太難，兒童費在文字上的時間和腦力太多，能費在實學上的必致減少。現在土耳其立國的基礎算打穩了。

　　日本、俄國、土耳其的近代史大致是前面說的那個樣子。這三國

接受了近代的科學、機械及民族主義，於是復興了，富強了。現在我
們要研究我們的近代史。我們要注意帝國主義如何壓迫我們。我們要
仔細研究每一個時期內的抵抗方案。我們尤其要分析每一個方案成敗
的程度和原因。我們如果能找出我國近代史的教訓，我們對於抗戰建
國就更能有所貢獻了。

第一章

剿夷與撫夷

第一節　英國請中國訂立邦交

在十九世紀以前，中西沒有邦交。西洋沒有派遣駐華的使節，我們也沒有派大使、公使到外國去。此中的原故是很複雜的。第一，中西相隔很遠，交通也不方便。西洋到中國來的船隻都是帆船。那時沒有蘇彝士運河，中西的交通須繞非洲頂南的好望角，從倫敦到廣州頂快需三個月。因此商業也不大。西洋人從中國買的貨物不外絲茶及別的奢侈品。我們的經濟是自足自給的，用不着任何西洋的出品。所以那時我們的國際貿易總有很大的出超。在這種情形之下，邦交原來可以不必有的。

還有一個原故，那就是中國不承認別國的平等。西洋人到中國來的，我們總把他們當作琉球人、高麗人看待。他們不來，我們不勉強他們。他們如來，必尊中國為上國而以藩屬自居。這個體統問題、儀式問題就成為邦交的大阻礙，"天朝"是絕不肯通融的。中國那時不感覺有聯絡外邦的必要，並且外夷豈不是蠻貊之邦，不知禮義廉恥，與他們往來有甚麼好處呢？他們貪利而來，天朝施恩給他們，許他們作買賣，藉以羈縻與撫綏而已。假若他們不安分守己，天朝就要"剿夷"。那時中國不知道有外交，只知道"剿夷與撫夷"。政治家分派別，不過是因為有些主張剿，有些主張撫。

那時的通商制度也特別。西洋的商人都限於廣州一口。在明末清初的時候，西洋人曾到過漳州、泉州、福州、廈門、寧波、定海各處。後來一則因為事實的不方便，二則因為清廷法令的禁止，就成立了所謂一口通商制度。在廣州，外人也是不自由的，夏秋兩季是買賣季，他們可以住在廣州的十三行，買賣完了，他們必須到澳門去過冬。十三行是中國政府指定的十三家可以與外國人作買賣的。十三行的行總是十三行的領袖，也是政府的交涉員。所有廣州官吏的命令都由行總傳給外商；外商上給官吏的呈文也由行總轉遞。外商到廣州照法令

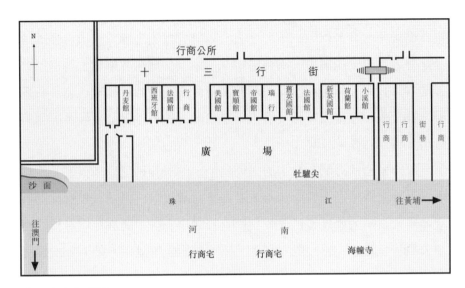

十三行平面圖

所謂"十三行"，是一種商業行會組織，其實並不是十三家，有時候可達四五十家，由清政府特許與洋人貿易。為此，行商在廣州駐地開設了夷館給外國人辦公和居住，這些夷館都是華麗的西式洋房。

十三行油畫

不能坐轎，事實上官吏很通融。他們在十三行住的時候，照法令不能隨便出遊，逢八（那就是初八，十八，二十八）可以由通事領導到河南（註：指廣州的珠江南岸地區）的"花地"去遊一次。他們不能帶軍器進廣州。"夷婦"也不許進去，以防"盤踞之漸"。頂奇怪的禁令是外人不得買中國書，不得學中文。第一個耶穌教傳教士馬禮遜博士的中文教師，每次去授課的時候，身旁必須隨帶一隻鞋子和一瓶毒藥，鞋子表示他是去買鞋子的，不是去教書的，毒藥是預備萬一官府查出，可以自盡。

那時中國的海關是自主的，朝廷所定的海關稅則原來很輕，平均不過百分之四，滿清政府並不看重那筆海關收入，但是官吏所加的陋規極其繁重，大概連正稅要收貨價百分之二十。中國法令規定稅則應該公開；事實上，官吏絕守秘密，以便隨意上下其手。外人每次納稅都經過一種講價式的交涉，因此很不耐煩。

中國那時對於法權並不看重。在中國境內外國人與外國人的民刑案件，我國官吏不願過問，那就是說，自動的放棄境內的法權。譬如，乾隆十九年，一個法國人在廣州殺了一個英國人，廣州的府縣最初勸他們自己調解。後因英國堅決要求，官廳始理問。中國與外國人的民事案件總是由雙方設法和解，因為雙方都怕打官司之苦。倘若中國人殺了外國人，官廳絕不偏袒，總是殺人者抵死，所以外人很滿意。只有外國人殺中國人的案子麻煩，中國要求外人交兇抵死，在十八世紀中葉以前，外人遵命者多，以後則拒絕交兇，拒絕接受中國官廳的審理，因為他們覺得中國刑罰太重，審判手續太不高明。

外人最初對於我們的通商制度雖不滿意，然而覺得既是中國的定章，只好容忍。到了十八世紀末年（乾隆末年，嘉慶初年）外人的態度就慢慢的變了。這時中國的海外貿易大部分在英國的東印度公司手裏。在廣州的外人之中，英國已佔領了領袖地位。英國此時的工業革命已經起始，昔日的手工業都慢慢的變為機械製造。海外市場在英國的國計民生上一天比一天緊要，中國對通商的限制，英國認為最不利於英國的商業發展。同時英國在印度已戰勝了法國，印度半島全入了英國的掌握。以後再往亞東發展也就更容易了，因為有了印度作發展的根據地。

　　當時歐洲人把乾隆皇帝作為一個模範的開明君主看。英國人以為在華通商所遇着的困難都是廣州地方官吏作出來的。倘若有法能使乾隆知道，他必願意改革。一七九二年（乾隆五十七年）正是乾隆帝滿八十歲的一年，如果英國趁機派使來賀壽，那就能得着一個交涉和促進中英友誼的機會。廣州官吏知道乾隆的虛榮心，竭力慫恿英國派使祝壽。於是英國乃派馬戛爾尼侯（Lord Macartney）為全權特使來華。

　　馬戛爾尼使節的預備是很費苦心的。特使乘坐頭等兵船，並帶衛隊。送乾隆的禮物都是英國上等的出品。用意不外要中國知道英國是個富強而且文明的國家。英政府給馬戛爾尼的訓令要他竭力遷就中國的禮俗，惟必須表示中英的平等。交涉的目的有好幾個：第一，英國願派全權大使常駐北京，如中國願派大使到倫敦去，英廷必以最優之禮款待之。第二，英國希望中國加開通商口岸。第三，英國希望中國有固定的、公開的海關稅則。第四，英國希望中國給她一個小島，可以供英國商人居住及貯貨，如同葡萄牙人在澳門一樣。在乾隆帝方面，他也十分高興迎接英國的特使，但是乾隆把他當作一個藩屬的貢使看待，要他行跪拜禮。馬戛爾尼最初不答應，後來有條件的答應。他的條件是：將來中國派使到倫敦去的時候，也必須向英王行跪拜禮；或是中國派員向他所帶來的英王的畫像行跪拜答禮。他的目的不外要表示中英的平等。中國不接受他的條件，也就拒絕行跪拜禮。乾隆帝

《英使謁見乾隆紀實》書影

1793 年，乾隆皇帝在承德避暑山莊接見了馬戛爾尼使團，但並未接受英國提出的各種條件。後來，使團的秘書司當東（Sir George Staunton）寫成《英使謁見乾隆紀實》，記錄了他們的此次中國之行。

很不快樂，接見以後，就要他離京回國。至於馬戛爾尼所提出的要求，中國都拒絕了。那次英國和平的交涉要算完全失敗了。

十八世紀末年和十九世紀初年，歐洲正鬧法蘭西革命和拿破崙戰爭，英國無暇顧及遠東商業的發展。等到戰事完了，英國遂派第二次的使節來華，其目的大致與第一次同。但是嘉慶給英使的待遇遠不及乾隆，所以英使不但外交失敗，並且私人對我的感情也不好。

英國有了這兩次的失敗，知道和平交涉的路走不通。

中西的關係是特別的。在鴉片戰爭以前，我們不肯給外國平等待遇；在以後，他們不肯給我們平等待遇。

到了十九世紀，我們只能在國際生活中找出路，但是嘉慶、道光、咸豐年間的中國人，不分漢滿，仍圖閉關自守，要維持歷代在東方世界的光榮地位，根本否認那個日益強盛的西方世界。我們倘若大膽的踏進大世界的生活，我們需要高度的改革，不然，我們就不能與列強競爭。但是我們有與外人並駕齊驅的人力物力，只要我們有此決心，我們可以在十九世紀的大世界上得着更光榮的地位。我們研究我民族的近代史必須了解近代的邦交是我們的大困難，也是我們的大機會。

第二節　英國人作鴉片買賣

在十九世紀以前，外國沒有甚麼大宗貨物是中國人要買的，外國商船帶到中國來的東西只有少數是貨物，大多數是現銀。那時經濟學者，不分中外，都以為金銀的輸出是於國家有害的。各國都在那裏想法子加增貨物的出口和金銀的進口。在中國的外商，經過多年的試驗，發現鴉片是種上等的商品。於是英國東印度公司在印度乃獎勵種植，統制運銷。乾隆初年，鴉片輸入每年約四百箱，每箱約百斤。乾隆禁止內地商人販賣，但是沒有效果，到了嘉慶初年，輸入竟加了十倍，每年約四千箱。嘉慶下令禁止入口，但是因為官吏的腐敗和查禁的困難，銷路還是繼續加增。

道光對於鴉片是最痛心的，對於禁煙是最有決心的。即位之初，他就嚴申禁令，可是在他的時代，鴉片的輸入加增最快。道光元年（一八二一年）輸入尚只五千箱，道光十五年，就加到了三萬箱，值價約一千八百萬元。中國的銀子漏出，換這有害無益的鴉片，全國上下都認為是國計民生的大患。廣東有般紳士覺得煙禁絕不能實行，因為「法令者，胥役之所藉以為利也，立法愈峻，則索賄愈多。」他們

鴉片躉船

走私鴉片的躉船像個漂浮在水面的倉庫，停泊在港口之外的海面上，並配備有槍炮和武裝船隻保護。一方面使得飛剪船不必停靠口岸，縮短航行時間。另一方面也避免被清政府查封。

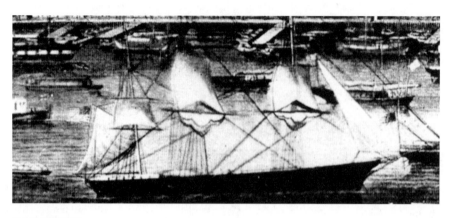

鴉片飛剪船

飛剪船是 19 世紀初出現的快速帆船，鴉片飛剪船流行於 19 世紀中葉，其載重可達 100-300 噸，並配備火炮防護。這種船每年可往返中印兩三次，每次運送鴉片八百餘箱。

主張一面加重關稅，一面提倡種植，拿國貨來抵外貨，久而久之，外商無利可圖，就不運鴉片進口了。道光十四五年的時候，這一派的議論頗得勢，但是除許乃濟一人外，沒有一人敢冒天下之大不韙，公開提倡這個辦法。道光十八年，黃爵滋上了一封奏摺，大聲疾呼的主張嚴禁。他的辦法是嚴禁吸食，他說沒有人吸，就沒有人賣，所以吸者應治以死罪：

> 請皇上嚴降諭旨，自今年某月某日起，至明年某月某日止，准給一年限戒煙，倘若一年以後，仍然吸食，是不奉法之亂民，置之重刑，無不平允。查舊例，吸食鴉片者僅枷杖，其不指出興販者罪止杖一百，徒三年，然皆係活罪。斷癮之苦，甚於枷杖與徒杖，故甘犯明刑，不肯斷絕。若罪以死論，是臨刑之慘更苦於斷癮。臣知其情願絕癮而死於家，不願受刑而死於市。惟皇上既慎用刑之意，

誠恐立法稍嚴，互相告訐，必至波及無辜。然吸食鴉片是
否有癮無癮，到官熬審，立刻可辨，如非吸食之人，無大
深仇，不能誣枉良善，果係吸食者，究亦無從掩飾。故雖
用刑，並無流弊。

　　這封奏摺上了以後，道光令各省的督撫討論。他們雖不彰明的反
對黃爵滋，總覺得他的辦法太激烈，他們說吸食者尚只害自己，販賣
者則害許多別人，所以販賣之罪，重於吸食之罪。廣州是鴉片煙的總
進口，大販子都在那裏，要禁煙應從廣州下手。惟獨兩湖總督林則徐
完全贊成黃爵滋的主張，並建議各種實施辦法。道光決定吸食與販賣
都要加嚴禁止，並派林則徐為欽差大臣，馳赴廣州查辦煙禁。林文忠
公是當時政界聲望最好，辦事最認真的大員，士大夫尤其信任他，他
的自信力也不小。他雖然以先沒有辦過"夷務"，他對外國人說："本
大臣家居閩海，於外夷一切伎倆，早皆深悉其詳。"

　　實在當時的人對禁煙問題都帶了幾分客氣。在他們的私函中，他
們承認禁煙的困難，但是在他們的奏章中，他們總是逢迎上峰的意
旨，唱高調。這種不誠實的行為是我國士大夫階級大毛病之一。其實
禁煙是個極複雜，極困難的問題。縱使沒有外國的干涉，禁煙已極其
困難，何況在道光間英國人絕不願意我們實行禁煙呢？那時鴉片不但
是通商的大利，而且是印度政府財政收入之大宗。英國對於我們獨自

吸食鴉片的用具

這是晚清時期吸食鴉片的工具，使用時先把煙
斗與煙槍的口相接，再將煙膏放入煙斗，點燃
煙燈烘烤煙斗，使鴉片受熱產生氣體，吸食者
順煙槍吸入體內。

鴉片輸入與白銀關係表

年份	鴉片輸入（箱）	白銀輸出（銀圓）
1800~1809	39,691	51,339,100
1810~1819	74,135	95,288,153
1820~1829	180,169	211,089,961
1830~1839	344,124	243,958,005

鴉片貿易的分銷制度

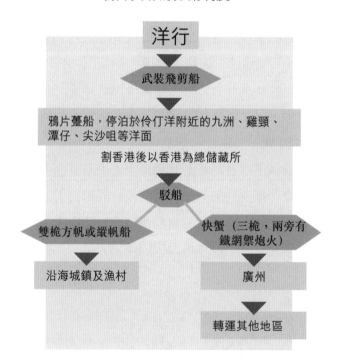

尊大，閉關自守的態度已不滿意，要想和我們算一次賬，倘若我們因
鴉片問題給予英國任何藉口，英國絕不惜以武力對付我們。

那次的戰爭我們稱為鴉片戰爭，英國人則稱為通商戰爭，兩方
面都有理由。關於鴉片問題，我方力圖禁絕，英方則希望維持原狀：
我攻彼守。關於通商問題，英方力圖獲得更大的機會和自由，我方
則硬要維持原狀：彼攻我守。就世界大勢論，那次的戰爭是不能避
免的。

第三節　東西對打

林則徐於道光十九年正月二十五日行抵廣州。經一個星期的考慮
和佈置，他就動手了。他諭告外國人說：＂利己不可害人，何得將爾
國不食之鴉片煙帶來內地，騙人財而害人命乎？＂他要外國人作二件
事：第一，把已到中國而尚未出賣的鴉片＂盡數繳官＂；第二，出具
甘結，聲明以後不帶鴉片來華，如有帶來，一經查出，甘願＂貨盡沒
官，人即正法＂。外國人不知林則徐的品格，以為他不過是個普通官
僚，到任之初，總要出個告示，大講甚麼禮義廉恥，實在還不是要價？
價錢講好了，買賣就可以照常做了。因此他們就觀望，就講價。殊不
知林則徐不是那類的人：＂若鴉片一日未絕，本大臣一日不回，誓與
此事相始終，斷無中止之理。＂到了二月初十，外人尚不肯交煙，林
則徐就下命令，斷絕廣州出海的交通，派兵把十三行圍起來，把行裏
的中國人都撤出，然後禁止一切的出入。換句話說，林則徐把十三行
作了外國人的監牢，並且不許人賣糧食給他們。

　　當時在十三行里約有三百五十個外國人，連英國商業監督義律（Captain Charles Elliot）在內。他們在裏面當然要受相當的苦，煮飯、洗碗、打掃都要自己動手。但是糧食還是有的，外人預貯了不少，行商又秘密的接濟，義律原想妥協，但是林則徐堅持他的兩種要求。是時英國在中國洋面只有兩隻小兵船，船上的水兵且無法到廣州。義律不能抵抗，只好屈服。他屈服的方法很值得我們注意。他不是命令英國商人把煙交給林則徐，他是教英商把煙交給他，並且由他以商業監督的資格給各商收據，一轉手之間，英商的鴉片變為大英帝國的鴉片。

　　義律共交出二萬零二百八十箱，共計二百數十萬斤，實一網打盡。這是林文忠的勝利，道光帝也高興極了。他批林的奏摺說："卿之忠君愛國皎然於域中化外矣。"外人尚不完全相信林真是要禁煙，他們想林這一次發大財了。林在虎門海灘挑成兩個池子，"前設涵洞，後通水溝，先由溝道引水入池，撒鹽其中，次投箱中煙土，再拋石灰煮之，煙灰湯沸，顆粒悉盡。其味之惡，鼻不可嗅，潮退，啟放涵洞，隨浪入海，然後刷滌池底，不留涓滴。共歷二十三日，全數始盡銷毀，逐日皆有文武官員監視。"外人之來觀者，詳記其事，深讚欽差大臣之坦然無私。

　　義律當時把繳煙的經過詳細報告英國政府以後，靜待政府的訓令。林文忠的大功告成，似乎可以休手了。並且朝廷調他去做兩江總督，他可是不去。他說：已到的鴉片，既已銷毀，但是以後還可以來。他要徹底，方法就是要外商人人出具甘結，以後不作鴉片買賣。這個義律不答應，於是雙方又起衝突了。林自覺極有把握。他說，英國的戰鬥力亦不過如此，英國人"腿足纏束緊密，屈伸皆所不便。"虎門的炮台都重修過。虎門口他又拿很大的鐵鏈封鎖起來。他又想外國人必須有茶葉大黃，他禁止茶葉大黃出口，就可以致外人的死命。

那年秋冬之間，廣東水師與英國二隻小兵船有好幾次的衝突，林報告朝廷，中國大勝，因此全國都是樂觀的。

英國政府接到義律的信以後，就派全權代表懿律（Admiral George Elliot）率領海陸軍隊來華。這時英國的外相是巴麥尊（Lord Palmerston），有名的好大喜功的帝國主義者。他不但索鴉片賠款，軍費賠款，並且要求一掃舊日所有的通商限制和邦交的不平等。懿律於道光二十年（一八四〇年）的夏天到廣東洋面。倘若英國深知中國的國情，懿律應該在廣州與林則徐決勝負，因為林是主戰派的領袖。但英國人的策略並不在此，懿律在廣東，並不進攻，僅宣佈封鎖海口。中國人的解釋是英國怕林則徐。封鎖以後，懿律北上，派兵佔領定海。定海並無軍備，中國人覺得這是不武之勝。以後義律和懿律就率主力艦隊到大沽口。

定海失守的消息傳到北京以後，清廷憤懣極了。道光下令調陝、甘、雲、貴、湘、川各省的兵到沿海各省，全國腳慌手忙。上面要調兵，下面就請餉。道光帝最怕花錢，於是對林則徐的信任就減少了。七月二十二日他的上諭罵林則徐道：“不但終無實際，反生出許多波瀾，思之曷勝憤懣，看汝以何詞對聯也。”

是時在天津主持交涉者是直隸總督琦善。他下了一番知己知彼的工夫。他派人到英國船上假交涉之名去調查英國軍備，覺得英人的船堅炮利遠在中國之上。他國的汽船，“無風無潮，順水逆水，皆能飛渡。”他們的炮位之下，“設有石磨盤，中具機軸，只須移轉磨盤，炮即隨其所向。”回想中國的設備，他覺得可笑極了。山海關的炮，尚是“前明之物，勉強蒸洗備用。”所謂大海及長江的天險已為外人所據，“任軍事者，率皆文臣，筆下雖佳，武備未諳。”所以他決計撫夷。

英國外相致中國宰相書很使琦善覺得他的撫夷政策是很有希望

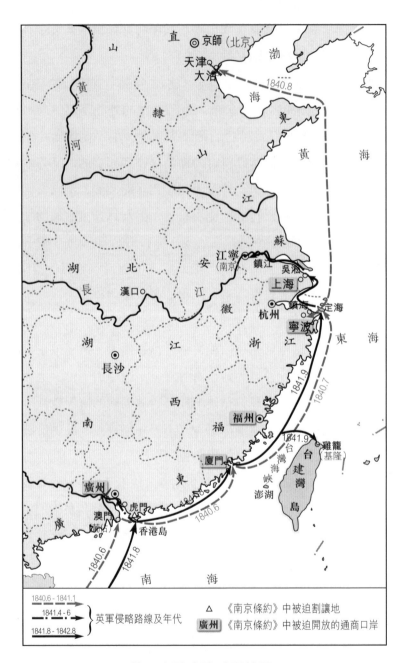

第一次鴉片戰爭形勢圖

的。那封書的前半都是批評林則徐的話，説他如何殘暴武斷，後半提出英國的要求。琦善拿中國人的眼光來判斷那封書，覺得它是個狀紙。林則徐待英人太苛了，英人不平，所以要大皇帝替他們伸冤。他就將計就計，告訴英國人説：「上年欽差大臣林等查禁煙土，未能體仰大皇帝大公至正之意，以致受人欺朦，措置失當。必當逐細查明重治其罪。惟其事全在廣東，此間無憑辦理。貴統帥等應即返棹南還，聽候欽差大臣馳往廣東，秉公查辦，定能代伸冤抑。」至於賠款一層，中國多少會給一點，使英代表可以有面子回國。至於變更通商制度，他告訴英國人，事情解決以後，英人可照舊通商，用不着變更。懿律和義律原不願在北方打仗，所以就答應了琦善回到廣州去交涉，並表示願撤退在定海的軍隊。道光帝高興極了，覺得琦善三寸之舌竟能説退英國的海陸軍，遠勝林則徐的孟浪多事。於是下令教內地各省的軍隊概歸原防，「以節糜費」。同時革林則徐的職，教琦善去代替他。

琦善到了廣東以後，他發現自己把事情看的太容易了。英國人堅持賠款和割香港或加通商口岸，琦善以為與其割地，不如加開通商口岸。但是怕朝廷不答應，所以只好慢慢講價，稽延時日。英人不耐煩，遂於十二月初開火了。大角、沙角失守以後，琦善遂和義律訂立條約，賠款六百萬元，割香港與英國，以後給與英國平等待遇。道光不答應，罵琦善是執迷不悟，革職鎖拿，家產查抄入官，同時調大兵赴粵剿辦。英國政府也不滿意義律，另派代表及軍隊來華。從這時起，中英雙方皆一意主戰，彼此絕不交涉。英國的態度很簡單：中國不答應她的要求，她就不停戰。道光也是很倔強的：一軍敗了，再調一軍。中國兵士有未出戰而先逃者，也有戰敗而寧死不降不逃者。將帥有戰前妄自誇大而臨戰即後退者，也有鞠躬盡瘁死而後已者，如關天培、裕謙、海齡諸人。軍器不如人，自不待説；紀律不如人，精神不如人，亦不可諱言。人民有些甘作漢奸，有些為飢寒所迫，投入英軍作苦力。到了二十二年的夏天，英軍快要攻南京的時候，清廷知道沒有辦法，不能再抵抗，於是接受英國要求，成立《南京條約》。

第四節　民族喪失二十年的光陰

鴉片戰爭失敗的根本理由是我們的落伍。我們的軍器和軍隊是中古的軍隊，我們的政府是中古的政府，我們的人民，連士大夫階級在內，是中古的人民。我們雖拚命抵抗終歸失敗，那是自然的，逃不脫的。從民族的歷史看，鴉片戰爭的軍事失敗還不是民族致命傷。失敗以後還不明瞭失敗的理由力圖改革，那才是民族的致命傷。倘使同治光緒年間的改革移到道光咸豐年間，我們的近代化就要比日本早二十年。遠東的近代史就要完全變更面目。可惜道光咸豐年間的人沒有領受軍事失敗的教訓，戰後與戰前完全一樣，麻木不仁，妄自尊大。直到咸豐末年英法聯軍攻進了北京，然後有少數人覺悟了，知道非學西洋不可。所以我們說，中華民族喪失了二十年的寶貴光陰。

為甚麼道光年間的中國人不在鴉片戰爭以後就起始維新呢？此中原故雖極複雜，但是值得我們研究。第一，中國人的守舊性太重。我國文化有了這幾千年的歷史，根深蒂固，要國人承認有改革的必要，那是不容易的。第二，我國文化是士大夫階級的生命線。文化的搖動，就是士大夫飯碗的搖動。我們一實行新政，科舉出身的先生們，就有失業的危險，難怪他們要反對。第三，中國士大夫階級（知識階級和官僚階級）最缺乏獨立的、大無畏的精神。無論在哪個時代，總有少

數人看事較遠較清，但是他們怕清議的指摘，默而不言，林則徐就是
個好例子。

　　林則徐實在有兩個，一個是士大夫心目中的林則徐，一個是真正
的林則徐。前一個林則徐是主剿的，他是百戰百勝的。他所用的方法
都是中國的古法。可惜奸臣琦善受了英人的賄賂，把他驅逐了。英人
未去林之前，不敢在廣東戰，既去林之後，當然就開戰。所以士大夫
想中國的失敗不是因為中國的古法不行，是因為奸臣誤國。當時的士
大夫得了這樣的一種印象，也是很自然的，林的奏章充滿了他的自信
心，可惜自道光二十年夏天定海失守以後，林沒有得着機會與英國比
武，難怪中國人不服輸。

　　真的林則徐是慢慢的覺悟了的。他到了廣東以後，就知道中國軍
器不如西洋，所以他竭力買外國炮，買外國船，同時他派人翻譯外國
所辦的刊物。他在廣東所搜集的材料，他給了魏默深。魏后來把這些
材料編入《海國圖誌》。這部書提倡以夷制夷，並且以夷器制夷。後
來日本的文人把這部書譯成日文，促進了日本的維新。林雖有這種覺
悟，他怕清議的指摘，不敢公開的提倡。清廷把他謫戍伊犁，他在途
中曾致書友人說：

> 　　彼之大炮遠及十里內外，若我炮不能及彼，彼炮先已
> 及我，是器不良也。彼之放炮如內地之放排槍，連聲不
> 斷。我放一炮後，須輾轉移時，再放一炮，是技不熟也，
> 求其良且熟焉，亦無他深巧耳。不此之務，即遠調百萬貔
> 貅，恐只供臨敵之一哄。況逆船朝南暮北，惟水師始能尾
> 追，岸兵能頃刻移動否？蓋內地將弁兵丁雖不乏久歷戎行
> 之人，而皆覿面接仗。似此之相距十里八里，彼此不見面
> 而接仗者，未之前聞。徐嘗謂剿匪八字要言，器良技熟，

膽壯心齊是已。第一要大炮得用，令此一物置之不講，真
令岳韓束手，奈何奈何！

這是他的私函，道光二十二年九月寫的。他請他的朋友不要給別
人看。換句話說，真的林則徐，他不要別人知道。難怪他後來雖又作
陝甘總督和雲貴總督，他總不肯公開提倡改革。他讓主持清議的士
大夫睡在夢中，他讓國家日趨衰弱，而不肯犧牲自己的名譽去與時人奮
鬥。林文忠無疑的是中國舊文化最好的產品。他尚以為自己的名譽比國
事重要，別人更不必說了。士大夫階級既不服輸，他們當然不主張改革。

主張撫夷的琦善、耆英諸人雖把中外強弱的懸殊看清楚了，而且
公開的宣傳了，但是士大夫階級不信他們，而且他們無自信心，對民
族亦無信心，只聽其自然，不圖振作，不圖改革。我們不責備他們，
因為他們是不足責的。

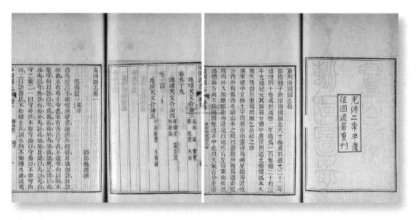

《海國圖誌》書影

《海國圖誌》是魏源受林則徐囑託編著的一部介紹世界地理歷史知識的綜合性圖
書，全書以林則徐主持編譯的《四洲誌》為基礎，幾經擴編，補成一百卷，於咸豐
二年刊行於世。書中詳細敘述了世界各國的歷史政制、風土人情，提出了"師夷之
長技以制夷"的思想，是一部具有劃時代意義的巨著。

第五節　不平等條約開始

　　道光二十二年八月二十九日在南京所訂的《中英條約》不過是戰後新邦交及新通商制度的大綱。次年的《虎門條約》才規定細則。我們知道戰後的整個局面應該把兩個條約合併起來研究。我們應該注意的有下列幾點：第一，賠款二千一百萬兩（註：應為 2100 萬銀元，約合 1500 萬兩白銀）。第二，割香港。第三，開放廣州、廈門、福州、寧波、上海為通商口岸。第四，海關稅則詳細載明於條約，非經兩國同意不能修改，是即所謂協定關稅。第五，英國人在中國者只受英國法律和英國法庭的約束，是即所謂治外法權。第六，中英官吏平等往來。

　　當時的人對於這些條款最痛心的是五口通商。他們覺得外人在廣州一口通商的時候已經不易防範，現在有五口通商，外人可以橫行天下，防不勝防。直到前清末年，文人憂國者莫不以五口通商為後來的禍根。五口之中，他們又以福州為最重要，上海則是中英雙方所不重視的。割讓土地當然是時人所反對的，也應該反對的。但是香港在割

《南京條約》簽署現場
1842 年 8 月 29 日，中英兩國代表在英艦康沃利斯號（HMS Cornwallis）上正式簽署《南京條約》。

19 世紀 60 年代的香港

此為 1860 年代的香港水濱及港灣照片，可見短短 20 年間，香港已初現繁華，頗具西方近代城市風貌。

讓以前毫無商業的或國防的重要。英人初提香港的時候，北京還不知道香港在哪裏。時人反對割地，不是反對割香港。

　　協定關稅和治外法權是我們近年所認為不平等條約的核心，可是當時的人並不這樣看治外法權，在道光時代的人的目光中，不過是讓夷人管夷人。他們想那是最方便，最省事的辦法。至於協定關稅，他們覺得也是方便省事的辦法。每種貨物應該納多少稅都明白的載於條約，那就可以省除爭執。負責交涉條約的人如伊里布、耆英，黃恩彤諸人知道戰前廣東地方官吏的苛捐雜稅是引起戰爭原因之一，現在把關稅明文規定豈不是一個釜底抽薪，一勞永逸的辦法？而且新的稅則平均到百分之五，比舊日的自主關稅還要略微高一點。負交涉責任者計算以後海關的收入比以前還要多，所以他們洋洋得意，以為他們的外交成功。其實他們犧牲了國家的主權，遺害不少。總而言之，道光年間的中國人，完全不懂國際公法和國際形勢，所以他們爭所不當爭，放棄所不應當放棄的。

我們與英國訂了這種條約，實因為萬不得已，如別的國家來要求同樣的權利，我們又怎樣對付呢？在鴉片戰爭的時候，國內分為兩派：剿夷派和撫夷派。前者以林則徐為領袖，後者以琦善為領袖。戰爭失敗以後，撫夷派當然得勢了。這一派在朝者是軍機大臣穆彰阿，在外的是伊里布和耆英。中英訂了條約以後，美法兩國就派代表來華，要求與我國訂約。撫夷派的人當然不願意與美國、法國又打仗，所以他們自始就決定給美、法的人平等的待遇。他們說，倘若中國不給，美、法的人大可以假冒英人來作買賣，我們也沒有法子查出。這樣作下去，美、法的人既靠英國人，勢必與英國人團結一致來對付我們。假使中國給美、法通商權利，那美國、法國必將感激中國。我們或者還可以聯絡美、法來對付英國。並且伊里布、耆英諸人以為中國的貿易是有限的。這有限的貿易不讓英國獨佔，讓美、法分去一部分，與中國並無妨礙，中國何不作個順水人情？英國為避免別國的妒嫉，早已聲明她歡迎別國平等競爭。所以美國、法國竟能和平與中國訂約。

不平等條約的根源一部分由於我們的無知，一部分由於我們的法制未達到近代文明的水準。

第六節　剿夷派又抬頭

在鴉片戰爭以前，廣州與外人通商已經三百多年，好像廣州人應該比較的多知道外國的情形，比別處的中國人應該更能與外人相安無事，其實不然，五口通商以後，惟獨廣州人與外人感情最壞，衝突最多。此中原因複雜。第一，英國在廣州受了多年的壓迫，無法出氣，等到他們打勝了，他們覺得他們出氣的日子到了，他們不能平心靜氣的原諒中國人因受了戰爭的痛苦而對他們自然不滿意，自然帶幾分的仇視。第二，廣東地方官商最感覺《南京條約》給他們私人利益的打擊。在鴉片戰爭以前，因為中外通商集中於廣州，地方官吏不分大小，都有發大財的機會。《南京條約》以後，他們的意外財源都禁絕了，難怪他們要恨外國人。商人方面也是如此。在戰前，江浙的絲茶都由陸路經江西，過梅嶺，而由廣州的十三行賣給外國人。據外人的估計，伍家的怡和行在戰前有財產八千多萬，恐怕是當時世界上最富的資本家。《南京條約》以後，江浙的絲茶，外人直接到江、浙去買，並不經過廣州。五口之中，上海日盛一日，而廣州則日形衰落。不但富商受其影響，就是勞工直接間接受影響的都不少，難怪民間也恨外國人。

仇外心理的表現之一就是殺外國人，他們到郊外去玩的時候，鄉民出其不意，就把他們殺了。耆英知道這種仇殺一定要引起大禍，所以竭力防禦，絕不寬容。他嚴厲的執行國法，殺人者處死，這樣一來，士大夫罵他是洋奴。他們說：官民應該一致對外，哪可以壓迫國民以順夷情呢？因此耆英在廣東的地位，一天困難一天。

在廣東還有外人進廣州城的問題。照常識看來，許外國人到廣州城裏去似乎是無關宏旨的。在外人方面，不到廣州城裏去似乎也沒任何損失，可是這個入城問題竟成了和戰問題。在上海，就全無這種糾紛。《南京條約》以後，外人初到上海的時候，他們在上海城內租借民房，後來他們感覺城內街道狹小，衛生情形也不好，於是請求在城外劃一段地作為外人居留地區。上海道台也感覺華洋雜處，不便管理，乃劃洋涇浜以北的小塊地作為外人住宅區。這是上海租界的起源。廣州十三行原在城外，鴉片戰爭以前，外人是不許入城的。廣州人簡直把城內作為神聖之地，外夷倘進去，就好像與尊嚴有損。外人

怡和行行商伍秉鑑（1769—1843年）
伍秉鑑的父親一手創辦了怡和行，開始從事對外貿易。伍秉鑑於嘉慶八年（1803）起擔任十三行的總商，被認為資產巨萬，富可敵國。

1850 年的上海外灘
《南京條約》簽署後不足 10 年，上海已迅速發展成繁榮的通商口岸。圖中所見，1850 年的外灘已是洋行矗立，商貿船隻雲集。

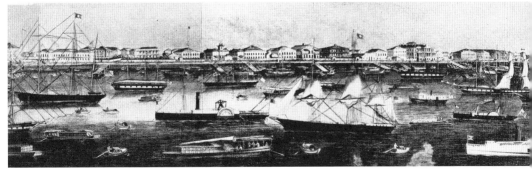

上海租界內的外籍巡捕
上海租界是中國最早開創，歷時最長，範圍最大的租界。最初只用洋人擔任巡
捕，1880 年代，才開始用華人擔任巡捕。

也是爭意氣：他們以為不許他們入城，就是看不起他們。耆英費盡苦
心調停於外人與廣州人民之間，不料雙方愈鬧愈起勁。道光二十七
年，英人竟兵臨城下，要求入城。耆英不得已，許於二年後准外人入
城。希望在兩年之內，或者中外感情可以改良，入城可以不成問題。
但當時人民攻擊耆英者多，於是道光調他入京，而升廣東巡撫徐廣縉
為兩廣總督，道光給徐的上諭很清楚的表示他的態度：

> 疆寄重在安民，民心不失，則外侮可弭。嗣後遇有民
> 夷交涉事件，不可瞻徇遷就，有失民心。至於變通參酌，
> 是在該署督臨時加意權衡體察。總期以誠實結民情，以羈
> 縻辦夷務，方為不負委任。

徐廣縉升任總督以後，就寫信問林則徐馭夷之法。林回答說："民

心可用。"道光的上諭和林則徐的回答都是士大夫階級傳統的高調和空談。僅以民心對外人的炮火當然是自殺。民心固不可失，可是一般人民懂得甚麼國際關係？主政者應該負責指導輿論。如不指導，或指導不生效，這都是政治家的失敗。徐廣縉也是怕清議的指責，也是把自己的名譽看的重，國家事看的輕。當時廣東巡撫葉名琛比徐廣縉更頑固。他們繼承了林則徐的衣缽，他們上台就是剿夷派的抬頭。

道光二十九年，兩年後許入城的約到了期。英人根據條約提出要求。廣州的士大夫和民眾一致反對。徐廣縉最初猶疑，後亦無可奈何，只好順從民意。葉名琛自始即堅決反對履行條約。他們的辦法分兩層：第一，不與英人交易。第二，組織民眾。英人這時不願為意氣之爭與中國決裂，所以除聲明保存條約權利以外，沒有別的舉動。徐葉認為這是他們的大勝利，事後他們報告北京說：

> 計自正月二十七日至三月二十日，居民則以工人，鋪戶則以夥伴，均擇其強壯可靠者充補。挨戶註冊，不得在外雇募。公開籌備經費，製造器械，添設柵欄，共團勇至十萬餘人。無事則各安工作，有事則立出捍衛。明處則不見荷戈持戟之人，暗中實皆折衝禦侮之士。（朱批：朕初不料卿等有此妙用。）眾志成城，堅逾金石，用能內戢土匪，外警猾夷。

為紀念勝利，道光帝賞了徐廣縉子爵，世襲雙眼花翎，葉名琛男爵，世襲花翎。道光又特降諭旨，嘉勉廣州民眾：

> 我粵東百姓素稱驍勇。乃近年深明大義，有勇知方，固由化導之神，亦係天性之厚。朕念其翼戴之功，能無惻然有動於中乎！

三十年（一八五○年）年初道光死了，咸豐即位。在咸豐年間，國內有太平天國的內戰，對外則剿夷派的勢力更大。三十年五月，有個御史曹履泰上奏說：

> 查粵東夷務林始之而徐終之，兩臣皆為英夷所敬畏。去歲林則徐乞假回籍，今春取道江西養疾。使此日英夷頑梗不化，應請旨飭江西撫臣速令林則徐趕緊來京，候陛見後，令其協辦夷務，庶幾宋朝中國復相司馬之意。若精神尚未復原，亦可養疴京中，勿遽回籍。臣知英夷必望風而靡，伎倆悉無可施，可永無宵旰之慮矣。

咸豐也很佩服林則徐，當即下令教林來京。林的運氣真好：他病大重，以後不久就死了，他的名譽藉此保存了。

第七節　剿夷派崩潰

林則徐死了，徐廣縉離開廣東去打太平天國去了。在廣東負外交重責的是葉名琛。他十分輕視外人，自然不肯退讓。在外人方面，他們感覺已得的權利不夠，他們希望加開通商口岸。舊有的五口只包括江、浙、閩、粵四省海岸，現在他們要深入長江，要到華北，其次他們要派公使駐北京。此外他們希望中國地方官吏不拒絕與外國公使領事往來。最後他們要求減輕關稅並廢除釐金。這些要求除最後一項外，並沒有甚麼嚴重的性質。但是咸豐年間的中國人反而覺得稅收一項倒可通融，至於北京駐使，長江及華北通商及官吏與外人往來各項簡直有關國家的生死存亡，絕對不可妥協的。

咸豐四年（一八五四年），英美兩國聯合要求修改條約。當時中國沒有外交部，所有的外交都由兩廣總督辦。葉名琛的對付方法就是不交涉。外人要求見他，他也不肯接見。英美兩國的代表跑到江蘇去找兩江總督，他勸他們回廣東去找葉名琛。他們後來到天津，地方當局只允奏請皇帝施恩稍為減免各種稅收，其餘一概拒絕。總而言之，外人簡直無門可入。他們知道要修改條約只有戰爭一條路。

咸豐六年（一八五六年）葉名琛派兵登香港註冊之亞羅船上去搜海盜，這一舉動給了英國人開戰的口實。不久，法國傳教士馬神父在廣西西林被殺，葉名琛不好好處理，又得罪了法國。於是英法聯軍來和我們算總賬。

七年冬天，英法聯軍首先進攻廣東。士大夫階級所依賴的民心竟毫無力量。英法不但打進廣州，而且把總督巡撫都俘虜了。葉後來押送印度，死在喀爾喀塔（註：即加爾各答）。巡撫柏貴出來作英法的傀儡維持地方治安。民眾不但不抵抗，且幫助英國人把藩台衙門的庫銀抬上英船。

八年，英法聯軍到大沽口。交涉失敗，於是進攻。我們迫不得已與訂《天津條約》，接受英法的要求。於是英法撤退軍隊。

清廷對於北京駐使及長江通商始終不甘心，總要想法挽回，清廷派桂良和花沙納到上海，名為交涉海關細則，實則想取消《天津條約》。為達到這個目的，清廷準備出很大的代價。只要英法放棄北京駐使，長江開通商口岸，清廷願意以後全不收海關稅。幸而桂良及何桂清反對這個辦法；所以《天津條約》未得挽回。清廷另一方面派科爾沁親王僧格林沁在大沽佈防。僧格林沁是當時著名勇將之一，辦事極認真。

九年，英法各國代表又到大沽，預備進京去交換《天津條約》的批准證書。他們事先略聞中國要修改《天津條約》，並在大沽設防，所以他們北上的時候，隨帶相當海軍。到了大沽口，看見海河已堵塞，他們嘖嘖不平，責中國失信，並派船拔取防禦設備，僧格林沁就令兩岸的炮台出其不意同時開炮。英法的船隻竟無法抵抗。陸戰隊陷於海灘的深泥，亦不能登岸。他們只有宣告失敗，等國內增派軍隊。

咸豐九年的冬季及十年的春季，正是清廷與太平天國內戰最緊急的時候。蘇州被太平軍包圍，危在旦夕。江、浙的官吏及上海、蘇州一帶的紳士聽見北方又與英、法開戰，簡直驚慌極了，因為他們正竭力尋求英法的援助來對付太平軍。所以他們對北京再三請求撫夷，說明外人兵力之可畏及長江下游局勢之險急。清廷雖不許他們求外人的

被英法聯軍攻佔的北塘左營炮台

1860 年 8 月 1 日，英法聯軍以艦船 200 餘艘，陸軍 1.7 萬人，避開防守嚴密的大沽，在北塘登陸。北塘左營炮台位於薊運河入海口的南側，被聯軍佔領後，成為英軍第一錫克騎兵團駐地。

援助，恐怕示弱於人，但外交政策並不因大沽口的勝利而轉強硬。北京此時反願意承認《天津條約》。關於大沽的戰事，清廷的辯護亦極有理。倘使英法各國代表的真意旨是在進京換約，何必隨帶重兵？海河既為中國領河，中國自有設防的權，而這種防禦或者是對太平軍，並非對外仇視的表示。海河雖阻塞，外國代表尚可在北塘上岸，有陸路進北京。我國根據以上理論的宣傳頗生效力。大沽之役以後，英法並不堅持要報復，要雪恥。他們只要求賠償損失及其他不關重要之條約解釋與修改。這種《天津條約》以外的要求遂成為咸豐十年英法聯軍的起因。

十年，英法的軍隊由側面進攻大沽炮台，僧格林沁不能支持，連天津都不守了。清廷又派桂良等出面在天津交涉。格外的要求答應了。但到簽字的時候，一則英法代表要求率衛隊進京，二則因為他們以為桂良的全權的證書不合格式，疑他的交涉不過是中國的緩兵之計，所以又決裂了。英法的軍隊直向北京推進。清廷改派怡親王載垣為欽差大臣，在通州交涉。條件又講好了，但英使的代表巴夏禮在簽字之前聲明英使到北京後，必須向中國皇帝面遞國書。這是國際間應行的禮節，但那時中國人認為這是外夷的狂悖。其居心叵測，中國絕不能容忍。載垣乃令軍隊捕拿英法代表到通州來交涉人員。這一舉激怒外人，軍事又起了。

咸豐帝原想"親統六師，直抵通州，以伸天討而張撻伐。"可是通州決裂以後，他就逃避熱河，派恭親王奕訢留守北京。奕訢是咸豐的親弟，這時只二十八歲。他當然毫無新知識。八年天津交涉的時候，他竭力反對長江通商。捕拿外國交涉代表最初也是他提議的，所以他也是屬於剿夷派的。但他是個有血性的人，且真心為國圖謀。他是清朝後百年宗室中之賢者。在道咸時代，一般士大夫不明天下大勢

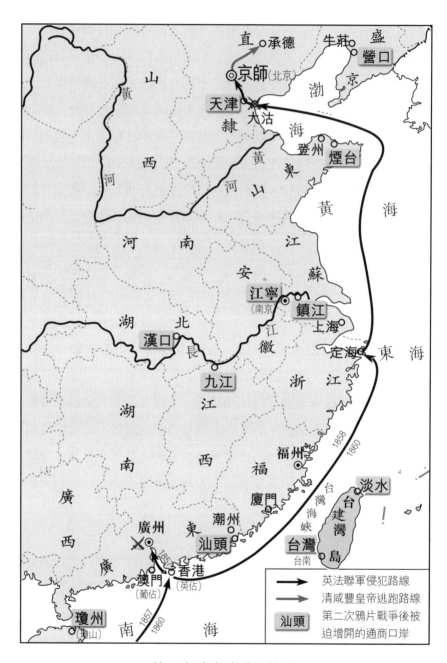

第二次鴉片戰爭形勢圖

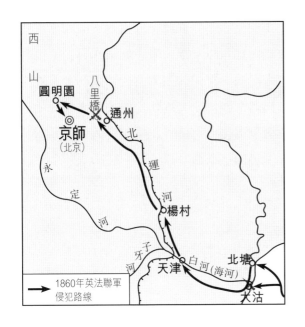

京津地區形勢圖

是可原諒的，但是戰敗以後而仍舊虛驕，如附和林則徐的剿夷派；或是服輸而不圖振作，不圖改革，如附和耆英的撫夷派，那就不可救藥了。恭親王把握政權以後，天下大勢為之一變，他雖缺乏魄力，但有文祥作他的助手。文祥雖是親貴，但他的品格可說是中國文化的最優代表，他為人十分廉潔，最盡孝道。他可以作督撫，但因為有老母在堂，不願遠行，所以堅辭。他辦事負責而認真，且不怕別人的批評。我們如細讀《文文忠年譜》，我們覺得他真是一個"先天下之憂而憂，後天下之樂而樂"的大政治家。

　　奕訢與文祥在元首逃難，京都將要失守的時候，接受大命。他們最初因無外交經驗，不免舉棋不定。後來把情勢看清楚了，他們就毅然決然承認外人的要求，與英法訂立《北京條約》。條約簽定以後，英法退軍，中國並沒喪失一寸土地。咸豐六年的《天津條約》和十年的《北京條約》是三年的戰爭和交涉的結果。條款雖很多，主要的是北京駐使和長江通商。歷史上的意義不外從此中國與西洋的關係更要密切了。這種關係固可以為禍，亦可以為福，看我們振作與否。奕訢與文祥絕不轉頭回看，留戀那已去不復回的閉關時代。他們大着膽向前進，到國際生活中去找新出路。我們研究近代史的人所痛心的就是這種新精神不能出現於鴉片戰爭以後而出現於二十年後的咸末同初。一寸光陰一寸金，個人如此，民族更如此。

第二章

洪秀全與曾國藩

第一節　舊社會走循環套

　　第一章已經討論了道光、咸豐年間自外來的禍患。我們說過那種禍患是不可避免的，因為我們無法阻止西洋科學和機械勢力，使其不到遠東來。我們也說過，我們很可以轉禍為福，只要我們大膽的接受西洋近代文化，以我們的人力物力，倘若接受了科學機械和民族精神，我們可以與別並駕齊驅，在國際生活之中，取得極光榮的地位。可是道光時代的人不此之圖。鴉片之役雖然敗了，他們不承認是敗了。主戰的剿夷派及主和的撫夷派，在戰爭之後，正如在戰爭之前，均未圖振作。直到受了第二次戰敗的教訓。然後有人認識時代的不同而思改革。

　　在沒有敘述同治光緒年間的新建設以前，我們試再進一步的研究道咸年間中國的內政。在近代史上，外交雖然要緊，內政究竟是決定國家強弱的根本要素。譬如：上次世界大戰以前，德國的外交失敗了，所以戰爭也失敗了，然而因為德國內政健全，戰後尚不出二十年，她又恢復她的地位了，這就是自力更生。

　　不幸到了十九世紀，我們的社會、政治、經濟都已到腐爛不堪的田地。據前清政府的估計，中國的人口在康熙四十年（一七〇一年）約有二千萬（註：此二千萬應為人丁，而非人口）；到了嘉慶五年（一八〇〇年）增加到三萬萬。百年之內竟有十五倍的增加！這種估計雖不可靠，然而我國人口在十八世紀有很大的增加，這是毫無疑問的。十七世紀是個大屠殺的世紀。開初有明朝末年的內亂，後又有明清的交戰及滿清有計劃的屠殺漢人，如揚州十日及嘉定屠城。我們也不要忘記張獻忠在四川的屠殺，近年中央研究院發表了很多明清史料，其中有一件是康熙初年四川某縣知事的人口年報，那位縣老爺說他那縣的人口，在大亂之後，只有九百餘人，而在一年之內，老虎又吃了一大半！康熙、雍正、乾隆三朝是大亂之後的大治，於是人口增加。這是中國幾千年來的圈套，演來演去，就是聖賢也無法脫逃。

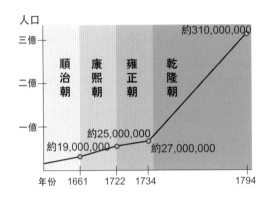

康乾盛世人口增長表

表中所選的人口統計數字是各朝最高的一年。其中順、康、雍三朝的數字是戶數，非人口數。

那時的人一方面不知利用科學節制生育，另一方面又不知利用科學增加生產。在大亂之後，大治之初，人口減少，有荒可墾，故人民安居樂業，生活程度略為提高。這是老百姓心目中的黃金時代。後來人口一天多一天，荒地則一天減少一天，而且新墾的地不是土質不好，就是水源不足，於是每人耕地的面積減少，生活程度降低。老百姓莫明其妙，只好燒香拜佛，嗟歎自己的命運不好。士大夫和政府縱使有救世之心，亦無救世之力，只好聽天災人禍自然演化。等到土匪一起，人民更不能生產，於是小亂變為大亂。

中國歷史還有一個循環套。每朝的開國君主及元勳大部分起自民間，自奉極薄，心目中的奢侈標準是很低的，而且比較能體恤民間的痛苦，辦事亦比較認真，這是內政倡明、吏治澄清的時代。後來慢慢的統治階級的慾望提高，奢侈標準隨之提高，因之官吏的貪污亦大大的長進。並且舊社會裏，政界是才子惟一的出路，不像在近代文化社會裏，有志之士除作官以外，可以經營工商業，可以行醫，可以作新聞記者、大學教授、科學家、發明家、探險家、音樂家、美術家、工程師，而都名利兩全，其所得往往還在大官之上。有人說：中國舊日的社會很平等，因為官吏都是科舉出身，而且舊日的教育是很不費錢的。這種看法過於樂觀。前清一代的翰林哪一個在未得志以前，曾經下過苦力？我們可以進一步的問，前清一代的翰林，哪一個的父親曾下過苦力？林則徐、曾國藩是前清有名的貧苦家庭的子弟，但是細考他們的家世，我們就知道他們的父親是教書先生，不是勞力者。中國舊日的資本家有幾個不是做官起家？中國舊日的大商業哪一種沒有官吏作後盾，仗官勢發財？總而言之，在中國舊日的社會裏，有心事業者集中於政界，專心利祿者也都擠在官場裏。結果是每個衙門的人員永在加增之中，而衙門的數目亦天天加多。所以每個朝代到了天下太平已久，人口加增很多，民生痛苦的時候，官吏加多，每個官吏的貪污更加厲害，人民所受的壓榨也更加嚴重。

　　中國到了嘉慶年間，已到了循環套的最低點。嘉慶初年所革除的權臣和珅，據故宮博物院所保存的檔案，積有私產到九萬萬兩之多，當時官場的情形可想而知。歷嘉慶、道光兩朝，中國幾無日無內亂，最初有湖北、四川、陝西三省白蓮教徒的叛亂，後有西北回教徒之亂，西南苗瑤之亂，同時東南沿海的海盜亦甚猖獗。這還是明目張膽與國家對抗者，至於潛伏於社會的匪徒幾遍地皆是。道光十五年，御史常大淳上奏說：

> 直隸、山東、河南向有教匪，輾轉傳習，惑眾斂錢。遇歲歉，白晝夥搶，名曰均糧。近來間或拿辦，不斷根株。湖南之永州、郴州、桂陽，江西之南安、贛州與兩廣接壤，均有會匪結黨成群，動成巨案。

西洋勢力侵略起始的時候，正是我們抵抗力量薄弱的時候。到了道光年間，我們的法制有名無實，官吏腐敗，民生痛苦萬分，道德已部分的失其維繫力。我們一面須接受新的文化，一面又須設法振興舊的政教。我民族在近代所遇着的難關是雙層的。

第二節　洪秀全企圖建新朝

洪秀全所領導的太平天國運動，就是上一節所講的那個時代和那種環境的產物。

洪秀全是廣東花縣人，生於嘉慶十八年，即西曆一八一三年。傳說他的父親是個農民，家境窮苦，但他自幼就入村塾讀書，到十六歲才輟學，作鄉村教師。這樣似乎他不是出身於中國社會的最下層，他自己並不是個勞力者。他兩次到廣州去考秀才，兩次都失敗了。於是心懷怨恨。這是舊社會常有的事，並不出奇。洪秀全經驗的特別是他在廣州應試的時候，得着耶穌教傳教士的宣傳品。後來大病四十多天，病中夢見各種幻象，自說與耶穌教義符合，於是信仰上帝，創立上帝會。最早的同志是馮雲山，也是一位因考試失敗而心懷不平者，他們因為在廣東傳教不順利，所以遷移其活動於廣西桂平縣。

中國自古以來的民間運動都帶點宗教性質，西洋中古的時候也是如此。可是洪秀全與基督教發生關係，不過是偶然的事。他的耶穌教也是個不倫不類的東西。他稱耶和華為天父，耶穌為天兄，自為天弟。他奉天父天兄之命來救世。他的命令就是天父天兄的命令。崇拜耶和華上帝者，“無災無難”；不崇拜者，“蛇虎傷人”。他的兵士，如

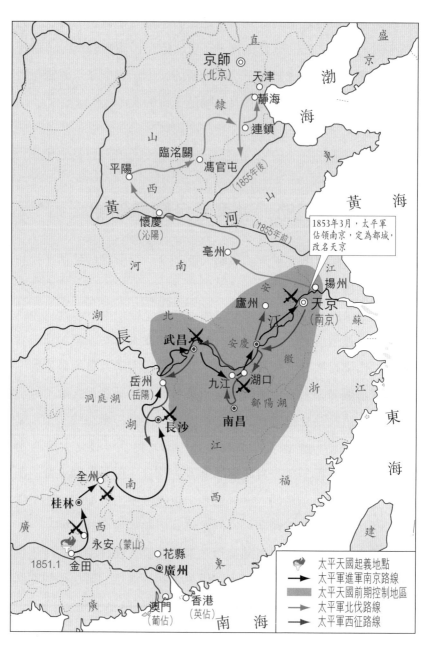

太平天國前期形勢圖

死在戰場，就是登仙。孔教、佛教、道教，都是妖術。孔廟及寺觀都必須破壞。

洪秀全的上帝會吸收了許多三合會的分子。這個三合會是排滿的秘密團體，大概是明末清初時代起始的。洪秀全或者早有了種族革命的思想。無論如何，他收了三合會的會員以後，他的運動以推倒滿清為第一目的。他罵滿人為妖人。滿人之改變中國衣冠和淫亂中國女子（三千粉黛，皆為羯狗所污；百萬紅顏，竟與騷狐同寢。）是洪秀全的宣傳品斥責的最好的對象。

洪秀全除推行宗教革命及種族革命以外，他有社會革命的思想沒有？他提倡男女平權，但他的宮庭充滿了妃妾，太平天國的王侯將帥亦皆多蓄妻妾。他的詔書中有田畝制度，其根本思想類似共產主義："有田共耕，有飯同食，有衣同穿，有錢同使。"但是他的均田主義，雖有詳細的規定，並未實行。是他不願實行呢，還是感覺實行的困難而不願試呢？就現在我們所有的史料判斷，我們可以說洪秀全對於宗教革命及種族革命是十分積極的，對於社會革命則甚消極。他的黨徒除馮雲山以外，尚有燒炭的楊秀清，後封東王；耕種山地的蕭朝貴，後封西王；曾捐監生與衙門胥吏為伍的韋昌輝，後封北王；及富豪石達開，後稱翼王。他的運動當然是個民間運動，反映當時的民間痛苦和迷信，以及潛伏於民間的種族觀念。

道光三十年夏天，洪秀全在廣西金田村起兵。九月，佔蒙山縣（舊名永安），於是定國號為太平天國，自稱天王。清兵進圍永安。洪秀全於咸豐二年春突圍，進攻桂林，未得，改圖湖南。他在長沙遇着很堅強的抵抗，乃向湘江下流進攻。他在岳州得着吳三桂留下來的軍械，並搶奪了不少的帆船。實力補充了以後，他直逼武漢。他雖打下了漢陽、武昌，但不留兵防守，設官立治。他一直向長江下游進攻，沿途攻破了九江、安慶、蕪湖，咸豐三年春打進南京，就定都於此。名叫天京。在定都南京以前，洪秀全的行動，類似流寇，定都南京以後，他才開始他的建國工作。

從道光三十年（一八五○年）到咸豐三年（一八五三年）可說是太平天國的順利時期。在這時期內，社會對洪秀全的運動是怎樣應付呢？一般安分守己的國民不分貧富，是守中立的。太平軍到了，他們順從太平軍，貢獻金錢；官軍到了，他們又順從官軍，又貢獻金錢。他們是順民，其實他們是左右為難的。他們對滿清政府及其官吏，絕無好感，因為他們平素所受的痛苦也夠了。並且官軍的紀律不好，在這期內，太平軍的紀律還比較好一點。同時老百姓感覺太平軍是造亂分子，使他們不能繼續過他們的平安日子。太平軍到處破壞廟宇，毀滅偶像，迷信的老百姓看不慣，心中不以為然。各地的土匪都趁火打劫。太平軍所經過的地方，就是他們容易活動的地方。他們幹他們的事，對於官軍及太平軍無所偏倚。有組織的秘密會社則附和太平軍，如湖南的哥老會及上海的小刀會。大多數士大夫階級，積極反對洪秀全的宗教革命。至於排滿一層，士大夫不是不知道漢人的恥辱，但是他們一則因為洪秀全雖為漢人，雖提倡種族革命，然竭力破壞幾千年來的漢族文化，滿人雖是外族，然自始即擁護漢族文化；二則他們覺得君臣之分既定，不好隨便作亂，亂是容易的，撥亂反正則是極難的，所以士大夫階級，這時對於種族革命並不熱心。

太平軍的軍事何以在這時期內這樣順利呢？主要原因不是太平軍本身的優點。論組織訓練，太平軍很平常；論軍器，太平軍尚不及官軍；論將才，太平軍始終沒有出過大將。太平軍在此時期內所以能得勝，全因為它是一種新興的勢力，富有朝氣，能拚命，能犧牲。官軍不但暮氣很重，簡直腐化不成軍了。當時的官軍有兩種，即八旗和綠營。八旗的戰鬥力隨着滿人的漢化，文弱化而喪失了。所以在乾隆嘉慶年間，清朝用綠營的時候已逐漸加多，用八旗的時候已逐漸減少。到了道光咸豐年間，綠營已經成了清廷的主力軍隊，其腐化程度正與一般政界相等。士兵的餉額甚低，又為官長剝削，所以自謀生計，把當兵作為一種副業而已。沒有紀律，沒有操練，害民有餘，打仗則簡直談不到。並且將官之間，猜忌甚深，彼此絕不合作。但是綠營在制度上也有一種好處。這種軍隊雖極端腐化，然是統一的國家的軍隊，不是個人的私有武力。在道、咸以前，地方大吏沒有人敢擁兵自重，與朝庭對抗。私有的武力，是太平天國內亂的意外副產品，以後我們要深切的注意它的出世。

第三節　曾國藩刷新舊社會

　　曾國藩是我國舊文化的代表人物，甚至於理想人物。他生在嘉慶十六年，一八一一年，比洪秀全大兩歲。他是湖南湘鄉人，家世業農。他雖沒有下過苦力，他的教育是從艱難困苦中奮鬥出來的。他成翰林的時候，正是鴉片戰爭將要開始的時候。他的日記雖提及鴉片戰爭，他似乎不大注意，不了解那次戰爭的歷史意義。他仍埋首於古籍中。他是一個實踐主義的理學家。無論我們是看他的字，讀他的文章，或是研究他的為人辦事，我們自然的想起我們鄉下那個務正業的小農民，他和小農民一樣，一生一世，不作苟且的事情。他知道文章學問道德功業都只有汗血才能換得來，正如小農民知道要得一粒一顆的稻麥都非出汗不可。

在咸豐初年,曾國藩官作到侍郎,等於現在的各部次長。他的知己固然承認他的文章道德是特出的,但是他的知己不多,而且少數知己也不知道他有大政治才能,恐怕連他自己也不知道。所以在他的事業起始的時候,他的聲望並不高,他也沒有政治勢力作他的後盾。但是湖南地方上的士大夫階級卻承認他的領袖地位。他對洪秀全的態度就是當時一般士大夫的態度,不過比別人更加積極而已。

那時的官兵不但不能打仗,連鄉下的土匪都不能對付,所以人民為自衛計,都辦團練。這種團練就是民間的武力,是務正業的農民藉以抵抗不務正業的遊民土匪。這種武力,因為沒有官場化,又因為與農民有切身利害關係,保存了我國鄉民固有的勇敢和誠實。曾國藩的事業就是利用這種鄉勇,而加以組織訓練,使它成為一個軍隊。這就是以後著名的湘軍。團練是當時全國皆有的,並不是曾國藩獨創的,但是為甚麼惟獨湘軍能成大事呢?原故就在於曾國藩所加的那點組織和訓練。

曾國藩治兵的第一個特別是精神教育的注重。他自己十二分相信孔孟的遺教是我民族的至寶。洪秀全既然要廢孔教,那洪秀全就是他的敵人,也就是全民族的敵人。他的"討賊檄文"罵洪秀全最激烈的一點就在此:

> 舉中國數千年禮義人倫,詩書典則,一旦掃地蕩盡,
> 此豈獨我大清之變,乃開闢以來,名教之奇變,我孔子、
> 孟子之所痛哭於九泉,凡讀書識字者,又焉能袖手坐視,
> 不思一為之所也?

他是孔孟的忠實信徒,他所選的官佐都是他的忠實同志,他是軍隊的主帥,同時也是兵士的導師。所以湘軍是個有主義的軍隊。其實

精神教育是曾國藩終身事業的基礎，也是他在我國近代史上地位的特別。他的行政用人都首重主義。他覺得政治的改革必須先有精神的改革。前清末年的官吏，出自曾文正門下者，皆比較正派，足見其感化力之大。

曾國藩不但利用中國的舊禮教作軍隊的精神基礎，而且利用宗族觀念和鄉土觀念來加強軍隊的團結力。他選的官佐幾全是湖南人，而且大半是湘鄉人。這些官佐都回本地去招兵，因此兵士都是同族或同里的人。這樣他的部下的互助精神特別濃厚。這是湘軍的第二特點。

歷史上的精神領袖很少同時也是事業領袖，因為注重精神者往往忽略事業的具體條件。在西洋社會裏，這兩種領袖資格是完全分開的。管教者不必管事，管事者不必管教。在中國則不然：中國社會幾千年來是政教不分，官師合一的。所以在中國，頭等領袖必須兼雙層資格。曾國藩雖注重為人，並不忽略作事。這是他的特別的第三點。當時綠營之所以不能打仗，原故雖多，其中之一是待遇太薄。曾氏在起始辦團練的時候，就決定每月陸勇發餉四兩二錢，水勇發三兩六錢，比綠營的餉額加一倍。湘軍在待遇上享有特殊權利。湘軍作戰區域是長江沿岸各省，在此區域內水上的優勢很能決定陸上的優勢，所以曾國藩自始就注重水師。關於軍器，曾氏雖常說打仗在人不在器，然而他對軍器的製造，尤其對於大炮的製造，是很費苦心的。他用盡心力去羅致當時的技術人才。他對於兵士的操練也十分認真。他自己常去督察檢閱。他不寬縱他的軍官，也不要軍官寬縱他的部下。

曾國藩的事業，如同他的學問，也是從艱難困苦中奮鬥出來的。他要救舊社會舊文化，而那個舊社會舊文化所產生的官僚反要和他搗亂。他要維持滿清，但滿清反而嫉妒他，排斥他。他在長沙練勇的時候，舊時的官兵恨他的新方法，新標準，幾乎把他打死了，他逃到衡州去避亂。他最初的一戰是個敗仗，他投水自盡，幸而被部下救起來。他練兵打仗，同時他自己去籌餉。以後他成了大事，並不是因為滿清和官僚自動的把政權交給他，是因為他們的失敗迫着他們求曾國藩出來任事，迫着他們給他個作事的機會和權利。

第四節　洪秀全失敗

洪秀全得了南京以後，我們更能看出他的真實心志不在建設新國家或新社會，而在建設新朝代。他深居宮中，務求享作皇帝的福，對於政事則不放在心上。宮廷的建築，宮女的徵選，金銀的聚斂，官制宮制的規定，這些事情是太平天王所最注意的。他的宗教後來簡直變為瘋狂的迷信。楊秀清（註：應為李秀成）向他報告國事的困難，他回答說：

> 朕奉上帝聖旨，天兄耶穌聖旨，下凡作天下萬國獨一真主，何懼之有？不用爾奏，政事不用爾理，欲出外出，欲在京住，由於爾。朕鐵桶江山，你不扶，有人扶，爾說無兵，朕之天兵，多過於水，何懼曾妖（國藩）乎？

快要滅亡的時候，南京絕糧，洪秀全令人民飲露充飢，說露是天食。

這樣的領袖不但不能復興民族，且不能作為部下團結的中心。在咸豐六年，洪秀全的左右起了很大的內訌。東王楊秀清個人獨掌大權。其他各王都須受東王的節制。照太平天國的儀式，天王稱萬歲，

太平天國天王團龍馬褂和玉璽

太平天國運動和中國歷史上歷次農民運動一樣，目的無非是改朝換代，洪秀全希望自己做皇帝。所謂"拜上帝會"不過是他利用宗教蠱惑人心的手段。這樣的運動，是不能引領民族和國家近代化的。

東王稱九千歲，西王八千歲，餘遞減。別的王都須到東王府請安議事，並須跪呼千歲。在上奏天王的時候，東王立在陛下，其餘則跪在陛下，因此楊秀清就為其同輩所憤恨。同時天王也怕他要取而代之。六年九月，北王韋昌輝設計誘殺楊秀清和他的親屬黨羽。翼王石達開心懷不平，北王又把翼王家屬殺了。天王為聯絡翼王起見，下令殺北王，但翼王以後還是獨樹一幟，與天王脫離關係。經過此次的內訌，太平天國打倒滿清的希望完全消滅。以後洪秀全尚能抵抗八年，一則因為北方有大股捻匪作他的聲援，二則因為他得了兩個後起的良將，忠王李秀成和英王陳玉成。

　　在滿清方面，等到別人都失敗了，然後重用曾國藩，任他為兩江總督，節制江、浙、皖、贛四省軍事。湖北巡撫胡林翼是與他志同道合的，竭力與他合作。他的親弟曾國荃是個打硬仗的前線指揮。以後曾國藩舉薦他的門生李鴻章作江蘇巡撫，他的朋友左宗棠作浙江巡撫。長江的中游和下游都是他的勢力範圍，他於是得通盤籌劃。他對於洪秀全採取大包圍的戰略。同時英、美、法三國也給了曾、左、李三人不少的幫助。同治三年（一八六四年）湘軍在曾國荃領導之下打進南京，洪秀全自殺，太平天國就此亡了。

洪秀全想打倒滿清，恢復漢族的自由，這當然是我們應該佩服的。他想平均地權，雖未實行，也足表現他有相當政治家的眼光。他的運動無疑的是起自民間，連他的宗教，也是迎合民眾心理的。但是他的人格上及才能上的缺點很多而且很大。倘若他成了功，他也不能為我民族造幸福。總而言之，太平天國的失敗，證明我國舊式的民間運動是不能救國救民族的。

曾國藩所領導的士大夫式的運動又能救國救民族嗎？他救了滿清，這是毫無疑問的。但是滿清並不能救中國，倘若他客觀的誠實的研究滿清在嘉慶、道光、咸豐三代的施政，他應該知道它是不可救藥的。他未嘗不知道此中實情，所以他平定太平天國以後，他的態度反趨於消極了。平心而論，曾國藩要救滿清是很自然的，可原諒的。第一，中國的舊禮教既是他的立場，而且士大夫階級是他的憑依，他不能不忠君。第二，他想清廷經過大患難之後，必能有相當覺悟。事實上同治初年的北京，因為有恭親王及文祥二人主政，似乎景象一新，頗能有為。所以嘉、道、咸三代雖是多難的時代，同治年間的清朝確有中興的氣象。第三，他怕滿清的滅亡要引起長期的內亂。他是深知中國歷史的，我國幾千年來，每次換過朝代，總要經過長期的割據和內亂，然後天下得統一和太平。在閉關自守，無外人干涉的時代，內戰雖給人民無窮的痛苦，尚不至於亡國。到了十九世紀，有帝國主義者繞環着，長期的內戰就能引起亡國之禍，曾國藩所以要維持滿清，最大的理由在此。

在維持滿清作為政治中心的大前提之下，曾國藩的工作分兩方面進行。一方面他要革新，那就是説，他要接受西洋文化的一部分；另一方面他要守舊，那就是説，恢復我國固有的美德。革新守舊，同時舉行，這是曾國藩對我國近代史的大貢獻。我們至今還佩服曾文正公，就是因為他有這種偉大的眼光。徒然恢復我國的舊禮教而不接受西洋文化，我們還不能打破我民族的大難關，因為我們絕不能拿禮義廉恥來抵抗帝國主義者的機械軍器和機械製造。何況舊禮教本身就有他的不健全的地方，不應完全恢復，也不能完全恢復呢！同時徒然接受西洋文化而不恢復我國固有的美德，我們也不能救國救民族，因為腐化的舊社會和舊官僚根本不能舉辦事業，無論這個事業是新的，或是舊的。

曾國藩的革命事業，我們留在下一章討論。他的守舊事業，我們在前一節裏，已經説過。現在我們要指出他的守舊事業的流弊。湘軍初起的時候，精神紀律均好，戰鬥力也高。後來人數多了，事業大了，湘軍就退化了。收復南京以後，曾自己就承認湘軍暮氣很深，所以他遣散了好多。足證我國治軍的舊法根本是有毛病的。此外湘軍既充滿了宗族觀念和家鄉觀念，兵士只知道有直接上級長官，不知道有最高統帥，更不知道有國家。某回，曾國荃回家鄉去招兵，把原有的部隊交曾國藩暫時管帶。這些部隊就不守規矩。國藩沒有法子，只好催國荃趕快回營。所以湘軍是私有軍隊的開始。湘軍的精神以後傳給李鴻章所部的淮軍，而淮軍以後又傳給袁世凱的北洋軍。我們知道民國以來的北洋軍閥利用私有的軍隊，割據國家，阻礙統一。追究其禍根，我們不能不歸咎於湘軍。於此也可看出舊法子的毛病。

第三章

自強及其失敗

第一節　內外合作以求自強

　　恭親王及文祥從英法聯軍的經驗，得了三種教訓。第一，他們確切的認識西洋的軍器和練兵的方法遠在我們之上。咸豐十年，擔任京津防禦者是僧格林沁和勝保。這兩人在當時是有名的大將。他們慘敗了以後，時人只好承認西洋軍隊的優勝。第二，恭親王及文祥發現西洋人不但願意賣軍器給我們，而且願意把製造軍器的秘密及訓練軍隊的方法教給我們。這頗出於時人意料之外。他們認為這是我們自強的機會。第三，恭親王及文祥發現西洋人並不是他們以先所想象那樣，"狼子野心，不守信義。"英法的軍隊雖然佔了北京，並且實力充足，能為所欲為，但《北京條約》訂了以後，英法居然依據條約撤退軍隊，交還首都。時人認為這是了不得的事情，足證西洋人也守信義，所以

恭親王奕訢像

愛新覺羅・奕訢（1833—1898年），道光帝第六子，咸豐帝同父異母兄弟，封"和碩恭親王"。是清朝同治、光緒年間洋務運動的中樞首腦。

對付外人並不是全無辦法的。

從這三種教訓，恭親王及文祥定了一個新的大政方針，第一，他們決定以夷器和夷法來對付夷人。換句話說，他們覺得中國應該接受西洋文化之軍事部分。他們於是買外國軍器，請外國教官。他們說，這是中國的自強之道。第二，他們知道自強不是短期內所能成立的。在自強沒有達到預期的程度以前，中國應該謹守條約以免戰爭。恭親王及文祥都是有血性的人，下了很大的決心要推行他們的新政，在國家危急的時候他膽敢出來與外人周旋，並且專靠外交的運用，他們居然收復了首都。時人認為這是他們的奇功。並且恭親王是咸豐的親弟，同治的親叔。他們的地位是全朝最親貴的，有了他們的決心和資望，他們在京內成了自強運動的中心。

同時在京外的曾國藩、左宗棠、胡林翼、李鴻章諸人也得着同樣的教訓，最初使他們注意的是外人所用的輪船，在長江下游私運軍火糧食賣給太平軍。據說胡林翼在安慶曾有過這樣的經驗：

> 馳至江濱，忽見二洋船，鼓輪西上，迅如奔馬，疾如飄風，文忠（即胡）變色不語，勒馬回營，中途嘔血，幾至墮馬。閻丹初尚書向在文忠幕府，每與文忠論及洋務，文忠輒搖手閉目神色不怡者久之，曰，此非吾輩所能知也。

可見輪船給胡文忠印象之深，曾、左、李大致相同。曾在安慶找了幾位明數理的舊學者和鐵匠木匠去試造輪船，造成了以後不能行動。左在杭州作了同樣的試驗，得同樣的結果，足證這般人對於西洋機械的注重。

在長江下游作戰的時候，太平軍和湘軍淮軍都競買洋槍。李鴻章設大本營於上海，與外人往來最多，認識西洋文化亦比較深切，他的部下還有英國軍官戈登（Gordon）統帶的長勝軍。他到了上海不滿一年，就寫信給曾國藩說：

> 鴻章嘗往英法提督兵船，見其大炮之精純，子藥之細巧，器械之鮮明，隊伍之雄整，實非中國所能及。……深以中國軍器遠遜外洋為恥，日戒諭將士虛心忍辱，學得西人一二秘法，期有增益……苦駐上海久而不能資取洋人長技，咎悔多矣。

同治三年（一八六四年）他又寫給恭親王和文祥說：

> 鴻章竊以為天下事窮則變，變則通。中國士大夫沉浸於章句小楷之積習，武夫悍卒又多粗蠢而不加細心，以致用非所學，學非所用。無事則斥外國之利器為奇技淫巧，以為不必學，有事則驚外國之利器為變怪神奇，以為不能學。不知洋人視火器為身心性命之學者已數百年。一旦豁然貫通，參陰陽而配造化，實有指揮如意，從心所欲之快。……前者英法各國，以日本為外府，肆意誅求。日本君臣發憤為雄，選宗室及大臣子弟之聰秀者，往西國製器廠師習各藝，又購製器之器，在本國製習。現在已能駕駛輪船，造放炸炮。去年英人虛聲恫愒，以兵臨之。然英人所恃而為攻戰之利者，彼已分擅其長，用是凝然不動，而英人固無如之何也。夫今之日本即明之倭寇也，距西國遠而距中國近。我有以自立，則將附麗於我，窺伺西人之短長；我無以自強，則並效尤於彼，分西人之利藪。日本以海外區區小國，尚能及時改轍，知所取法。然則我中國深維窮極而通之故，夫亦可以皇然變計矣……杜摯有言曰：利不百，不變法。功不十，不易器。蘇子瞻曰：言之於無

事之時，足以為名，而恒苦於不信；言之於有事之時，足
以見信，而已苦於無及。鴻章以為中國欲自強則莫如學習
外國利器。欲學習外國利器，則莫如覓製器之器，師其法
而不必盡用其人。欲覓製器之器，與製器之人，則我專設
一科取士，士終身懸以為富貴功名之鵠，則業可成，業可
精，而才亦可集。

這封信是中國十九世紀最大的政治家，最具歷史價值的一篇文
章。我們應該再三誦讀。李鴻章第一認定我國到了十九世紀惟有學西
洋的科學機械然後能生存。第二，李鴻章在同治三年已經看清中國與

購自德國的大炮

當時，"師夷長技" 的方式之一，就是從外國購置船
炮。這門 280 毫米口徑的大炮，購自德國克虜伯兵工
廠，被安置在廈門胡里山炮台。

日本，孰強孰弱，要看哪一國變的快。日本明治維新運動的世界的歷史的意義，他一下就看清了，並且大聲疾呼的要當時的人猛醒與努力。這一點尤足以表現李鴻章的偉大。第三，李鴻章認定改革要從培養人才下手，所以他要改革前清的科舉制度。不但此也；他簡直要改革士大夫的人生觀。他要士大夫放棄章句小楷之積習，而把科學工程懸為終身富貴的鵠的。因為李鴻章認識時代之清楚，所以他成了同治、光緒年間自強運動的中心人物。

在我們這個社會裏，作事極不容易。同治年間起始的自強運動，雖未達到目的，然而能有相當的成績，已經費了九牛二虎之力。倘若當時沒有恭親王及文祥在京內主持，沒有曾國藩、李鴻章、左宗棠在京外推動，那麼，英法聯軍及太平天國以後的中國還要麻木不仁，好像鴉片戰爭以後的中國一樣。所以我們要仔細研究這幾位時代領袖人物究竟作了些甚麼事業。

第二節　步步向前進

自強的事業頗多，我先擇其要者列表於下。

咸豐十一年 恭親王及文祥聘請外國軍官訓練新軍於天津。

同年 恭親王和文祥設立同文館於北京。是為中國新學的起始。

同年 恭親王和文祥託總稅司赫德（Robert Hart）購買炮艦，聘請英國海軍人員來華創設新水師。

同治二年 李鴻章設外國語文學校於上海。

同治四年 曾國藩、李鴻章設江南機器製造局於上海，附設譯書局。

同治五年 左宗棠設造船廠於福州，附設船政學校。

同治九年 李鴻章設機器製造局於天津。

同治十一年 曾國藩、李鴻章挑選學生赴美國留學。

同年 李鴻章設輪船招商局。

光緒元年 李鴻章籌辦鐵甲兵船。

光緒二年 李鴻章派下級軍官赴德學陸軍，船政學生赴英、法學習造船和駕船。

光緒六年 李鴻章設水師學堂於天津，設電報局，請修鐵道。

光緒七年 李鴻章設開平礦務局。

光緒八年 李鴻章築旅順軍港，創辦上海機器製布廠。

光緒十一年 李鴻章設天津武備學堂。

光緒十三年 李鴻章開辦黑龍江漠河金礦。

光緒十四年 李鴻章成立北洋海軍。

江南機器製造局

1865 年，江南機器製造局成立，是當時最大的軍工工廠，除生產槍炮子彈外，也製造輪船。

輪船招商局

1872 年由李鴻章創辦的非軍事工業，經營者是捐官的商人。初期經營較為順利，後期受多方因素影響，基本停滯。

漢陽兵工廠

漢陽兵工廠由張之洞創辦，是晚清規模最大、設備最先進的軍工企業。

　　以上全盤建設事業的動機是國防，故軍事建設最多。但我們如仔細研究就知道國防的近代化牽連甚多。近代化的軍隊第一需要近代化的軍器，所以有江南及天津兩個機械製造廠的設立。那兩個廠實際大部分是兵工廠。第二，新式軍器必須有技術人材去駕使，所以設立武備學堂，和派遣軍官出洋留學。第三，近代化的軍隊必須有近代化的交通，所以有造船廠和電報局的設立，及鐵路的建築。第四，新式的國防比舊式的費用要高幾倍。以中古的生產來負擔近代的國防是絕對不可能的。所以李鴻章要辦招商局，來經營沿江沿海的運輸；創立製布廠來挽回權利，開煤礦金礦來增加收入。自強運動的領袖們並不是事前預料到各種需要而定一個建設計劃。他們起初只知道國防近代化的必要。但是他們在這條路上前進一步以後，就發現必須再進一步；再進一步以後，又必須更進一步。其實必須走到盡頭然後能生效。近代化的國防不但需要近代化的交通、教育、經濟，並且須要近代化的政治和國民。半新半舊是不中用的。換句話説：我國到了近代要圖生存非全盤接受西洋文化不可。曾國藩諸人雖向近代化方面走了好幾步，但是他們不徹底，仍不能救國救民族。

第三節　前進遇着阻礙

曾國藩及其他自強運動的領袖雖走的路線不錯，然而他們不能救國救民族。此其故何在？在於他們的不徹底。他們為甚麼不徹底呢？一部分因為他們自己不要徹底，大部分因為時代不容許他們徹底。我們試先研究領袖們的短處。

恭親王奕訢、文祥、曾國藩、李鴻章、左宗棠這五個大領袖都出身於舊社會，受的是舊教育。他們沒有一個人能讀外國書，除李鴻章以外，沒有一個人到過外國。就是李鴻章的出洋尚在甲午戰敗以後，他的建設事業已經過去了。這種人能毅然決然推行新事業就了不得，他們不能完全了解西洋文化是自然的，很可原諒的。他們對於西洋的機械是十分佩服的，十分努力要接受的。他們對於西洋的科學也相當尊重，並且知道科學是機械的基礎。但是他們自己毫無科學機械的常識，此外更不必説了。他們覺得中國的政治制度及立國精神是至善至美，無須學西洋的。事實上他們的建設事業就遭了舊的制度和舊的精神的阻礙。我們可以拿李鴻章的事業作例子。

李鴻章於同治九年（一八七〇年）起始作直隸總督兼北洋大臣。因為當時要人之中以他最能對付外人，又因為他比較勇於任事，而且他的淮軍是全國最近代化最得力的軍隊，所以從同治九年到光緒二十年的中日戰爭李鴻章是那個時代的中心人物。國防的建設全在他手裏。他特別注重海軍，因為他看清楚了如果中國能戰勝日本海軍，無論日本陸軍如何強，不能進攻高麗，更不能為害中國。那麼，李鴻章辦海軍第一個困難是經費。經費所以困難就是因為中國當時的財政制度，如同一般的政治制度是中古式的。中央政府沒有辦海軍的經費，只好靠各省協濟。各省都成見很深，不願合作。在中央求各省協助的時候各省務求其少；認定了以後，又不能按期十足撥款，總要延期打折扣。其次當時皇室用錢，漫無限制，而且公私不分。同治死了以後，沒有繼嗣，於是西太后選了一個小孩子作皇帝，年號光緒，而實權還不是在西太后手裏。等到光緒快要成年親政的時候，光緒和他的父親醇親王奕譞怕西太后不願意把政權交出來，醇親王定計重修頤和園，一則以表示光緒對西太后的孝敬，一則使西太后沉於遊樂就不干政了。重修頤和園的經費很大，無法籌備，醇親王乃請李鴻章設法。李氏不敢得罪醇親王，更不敢得罪西太后，只好把建設海軍的款子移作重修頤和園之用。所以在甲午之戰以前的七年，中國海軍沒有添訂過一隻新船。在近代政治制度之下，這種事情是不能發生的。

海軍公所

1888 年，清政府斥巨資創辦北洋水師，一度成為亞洲最強大的海軍。這是北洋水師的"司令部"——提督衙門，位於威海劉公島上。

　　在李鴻章所主持之機關中並沒有新式的文官制度和審計制度。就是在極廉潔極嚴謹的領袖之下，沒有良好的制度，貪污尚且無法杜絕，何況李氏本人就不廉潔呢？在海軍辦軍需的人經手的款項既多，發財的機會就更大。到了甲午戰爭的時候，我們船上的炮雖比日本的大，但炮彈不夠，並且子彈所裝的不盡是火藥。外商與官吏狼狽為奸，私人發了財，國事就敗壞了。

　　李鴻章自己的科學知識的幼稚，也是他的事業失敗的原故之一。北洋海軍初成立的時候，他請了英國海軍有經驗的軍官作總教官和副司令。光緒十年左右，中國海軍紀律很嚴，操練很勤，技術的進步很快，那時中國的海軍是很有希望的。後來李鴻章誤聽人言，辭退英國海軍的軍官而聘請德國陸軍騎兵的軍官來作海軍的總教官，以後我國的海軍的技術反而退步。並且李鴻章所用的海軍總司令是個全不知海軍的丁汝昌，丁氏原是淮軍帶馬隊的。他作海軍的領袖當然只能誤事，不能成事。甲午戰爭的時候，中國海軍佔世界海軍的第八位，日本的海軍佔第十一位。我們的失敗不是因為船不如人，炮不如人，為戰略戰術不如人。

　　北洋海軍的情形如此，其他的自強事業莫不如此。總之，同治、光緒年間的自強運動所以不能救國，不是因為路線錯了，是因為領袖人物還不夠新，所以不能徹底。

　　但是倘若當時的領袖人物更新，更要進一步的接受西洋文化，社會能容許他們嗎？社會一定要給他們更大的阻礙。他們所行的那種不徹底的改革已遭一般人的反對，若再進一步，反對一定更大。譬如鐵路：光緒六年（一八八〇年）李鴻章、劉銘傳奏請建築，到了光緒二十年還只建築天津附近的一小段。為甚麼呢？因為一般人相信修鐵路就破壞風水。又譬如科學：同治五年（一八六六年）恭親王在同文館添設科學班，請外國科學家作教授，招收翰林院的人員作學生。他的理由是很充足的，他說買外國輪船槍炮不過一時權宜之計，治本的辦法在於自己製造。但是要自己製造，非有科學的人才不可。所以他想請外國人來教中國青年學習科學。他又說：

> 夫天下之恥，莫恥於不若人。……日本蕞爾小國尚知發憤為雄。獨中國狃於因循積習，不思振作，恥孰甚焉？今不以不如人為恥，而獨以學其人為恥，將安於不如，而終不學，遂可雪其恥乎？

他雖說的名正言順，但還有人反對。當時北京有位名高望重的大學士倭仁就大聲疾呼的反對說：

> 竊聞立國之道，尚禮義不尚權謀；根本之圖在人心，不在技藝。今求之一藝之末而又奉夷人為師，無論夷人詭譎，未必傳其精巧，即使教者誠教，所成就者不過術數之士。古今來未聞有恃術數而能起衰振弱者也。天下之大，不患無才。如以天文算學必須講習，博採旁求必有精其術者，何必夷人？何必師事夷人？

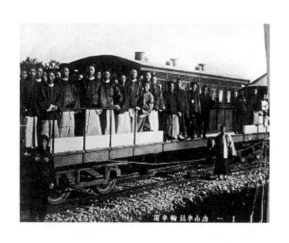

唐胥鐵路

這是中國自辦的第一條鐵路，鐵軌從德國購入。光緒六年（1880）始築，從唐山到胥各莊，後延長到蘆台（今屬天津），全長僅 32 公里。圖為李鴻章於光緒十二年（1886）到唐山站視察的情形。

恭親王憤慨極了。他回答說：

> 該大學士既以此舉為窒礙，自必別有良圖。如果實有
> 妙策，可以制外國而不為外國所制，臣等自當追隨大學士
> 之後，竭其樗昧，悉心商辦。如別無良策，僅以忠信為甲
> 冑，禮義為干櫓等詞，謂可折衝樽俎，足以制敵之命，臣
> 等實未敢信。

倭仁不過是守舊的糊塗蟲，但是當時的士大夫居然聽了他的話，
不去投考同文館的科學班。

同治光緒年間的社會，如何反對新人新政，我們從郭嵩燾的命運
可以更加看得清楚。郭氏的教育及出身和當時一般士大夫一樣，並無
特別，但是咸豐末年英法聯軍之役，他跟着僧格林沁在大沽口辦交
涉，有了那次經驗，他根本覺悟，知道中國非徹底改革不可。他的覺
悟還比恭親王諸人的更深刻。據他的研究，我們在漢、唐極盛時代固
常與外族平等往來；閉關自守而又獨自尊大的哲學，是南宋勢力衰弱
時代的理學先生們提倡出來的，絕不足以為訓。同治初年，江西南昌
的士大夫群起毀教堂，殺傳教士。巡撫沈葆楨（林則徐的女婿）稱讚
士大夫的正氣，郭嵩燾則斥責沈氏頑固。郭氏作廣東巡撫的時候，汕
頭的人，像以先廣州人，不許外國人進城。他不顧一切，強迫汕頭人
遵守條約，許外國人進城。光緒元年雲貴總督岑毓英因為反對英國人
進雲南，秘密在雲南緬甸邊境上把英國使館的翻譯官殺了。郭嵩燾當
即上奏彈劾岑毓英。第二年，政府派他出使英法，中國有公使駐外從
他起。他在西歐的時候，他努力研究西洋的政治、經濟、社會，他覺
得不但西洋的輪船槍炮值得我們學習，就是西洋的政治制度和一般文
化都值得學習。他發表了他的日記，送給朋友們看。他常寫信給李鴻

章，報告日本派到西洋的留學生不限於機械一門，學政治、經濟的都有。他勸李鴻章擴大留學範圍。他的這些超時代的議論，引起了全國士大夫的謾罵。他們説郭嵩燾是個漢奸，"有二心於英國"。湖南的大學者如王闓運之流撰了一副對子罵他：

> 出乎其類，拔乎其萃，不容於堯舜之世。
> 未能事人，焉能事鬼，何必去父母之邦。

首批留洋的幼童

1872 年，清政府派遣首批幼童出國留學，他們平均年齡不足 13 歲，並且家長同意十五年內孩子不得回國。前後共計派遣了 120 人，但此舉一直為保守派所非議。1881 年，終因剪辮、信教等問題，被清政府下令悉數歸國。

王闓運的日記還説：“湖南人至恥與為伍。”郭嵩燾出使兩年就回國了。回國的時候，沒有問題，他是全國最開明的一個人，他對西洋的認識遠在李鴻章之上。但是時人反對他，他以後全無機會作事，只好隱居湖南從事著作。他所著的《養知書屋文集》至今尚有披閱的價值。

繼郭嵩燾作駐英法公使的是曾紀澤。他在外國五年多，略識英語。他的才能眼光與郭嵩燾等。因為他運用外交，從俄國收回伊犁，他是國際有名的外交家。他回國的時候抱定志向要推進全民族的近代化。卻是他也遭時人的反對，找不着機會作事，不久就氣死了。

同光時代的士大夫階級的守舊既然如此，民眾是否比較開通，其實民眾和士大夫階級是同鼻孔出氣的。我們近六十年來的新政都是自上而下，並非由下而上。一切新的事業都是由少數先知先覺者提倡，費盡苦心，慢慢的奮鬥出來的。在甲午以前這少數先知先覺者都是在朝的人。甲午以後，革新的領袖權慢慢的轉到在野的人的手裏，卻是這些在野的領袖都是知識分子，不是民眾。嚴格説來，民眾的迷信是我民族近代接受西洋文化大阻礙之一。

第四節　士大夫輕舉妄動

在同治、光緒年間，民眾的守舊雖在士大夫階級之上，但是民眾是被動的，領導權統治權是在士大夫階級手裏。不幸，那個時代的士大夫階級，除極少數外，完全不了解當時的世界大勢。

同治共十三年，從一八六二年到一八七四年。在這個時期內，德意志統一了，意大利統一了，美國的中央政府也把南方的獨立運動消滅，恢復而又加強美國的統一了。那個時期是民族主義在西洋大成功的時期。這些國家統一了以後，隨着就是國內的大建設和經濟的大發展。在同治以前，列強在國外行帝國主義的，僅英、俄、法三國。同治以後，加了美、德、意三國。競爭者多了，競爭就愈厲害。並且在同治以前，英國是世界上惟一的工業化國家，全世界都銷英國的製造品。同治以後，德、美、法也逐漸工業化，資本化了。國際上除了政治勢力的競爭以外，又有了新起的熱烈的經濟競爭。我國在光緒年間處境的困難遠在道光、咸豐年間之上。

帝國主義是我們的大敵人。同治光緒年間如此，現在還是如此。要救國的志士應該人人了解帝國主義的真實性質。帝國主義與資本主義是有關係的。關係可以說有三層：第一，資本主義的國家貪圖在外國投資。國內的資本多了，利息就低。譬如：英美兩國資本很多，資本家能得百分之四的利息就算很好了。但是如果英美的資本家能把資本投在中國或印度或南美洲，年利很容易達到百分之七或更高些。所以英美資本家競向未開發的國家投資。但是接受外國來的資本不一定有害，英美的資本家也不一定有政治野心。美國在十九世紀的下半期的建設大部分是利用英國資本舉辦的。結果英國的資本家固然得了好處，但是美國開闢了富源，其人民所得的好處更多。我們的平漢鐵路原是借比國資本建築的。後來我們按期還本付息，那條鐵路就變為我們的了。比國資本家得了好處，我們得了更大的好處。所以孫中山先生雖反對帝國主義，但贊成中國利用外債來建設。但是有些資本家要利用政治的壓力去得投資的機會，還有政治野心家要用資本來擴充政治勢力。凡是國際投資有政治作用的，就是侵略的，帝國主義的。凡是國際投資無政治作用的，就是純潔的，投資者與受資者兩方均能收益。所以我們對於外國的資本應採的態度如同對水一樣，有的時候，有的地方，在某種條件之下。我們應該掘井取水，或開河引水；在別的時候、地方和條件之下，我們則必須築堤防水。

　　帝國主義與資本主義的第二層關係是商業的推銷。資本主義的國家都利用機械製造。工廠規模愈大，出品愈多，得利就更厚。困難在市場。各國競爭市場原可以專憑商品之精與價格之廉，不必靠武力的侵略或政治的壓力。但在十九世紀末年，國際貿易的自由一天少一天。各國不但提高本國的關稅，並且提高屬地的關稅。這樣一來，商業的發展隨着政權的發展，爭市場等於爭屬地。被壓迫的國家，一旦喪失關稅自主，就永無發展工業的可能。雖然，國際貿易大部分還是平等國家間之貿易，不是帝國與屬地之間的貿易。英國與美、德、法、日諸國的貿易額，遠大於英國與其屬地的貿易額。英國的屬地最多，尚且如此，別國更不必說了。

在中國開設的外國銀行

19 世紀中後期，西方國家爭相在中國開設銀行，此圖為英資滙豐銀行在華的辦公大樓外景。

滙豐銀行在中國發行的鈔票

各國在華銀行除吸收存款、提供貸款、經營外匯等業務外，還爭取到發行紙幣的權利。

帝國主義與資本主義的第三層關係是原料的尋求。世界上沒有一國完全不靠外來的原料。最富有原料的國家如英、美、俄尚且如此，別的國家所需的外來原料更多。日本及意大利是最窮的。棉、煤、鐵、油四種根本的原料，日、意都缺乏。德國較好，但仍不出棉和石油。那麼，一國的工廠雖多，倘若沒有原料，就會完全沒有辦法。所以帝國主義者，因為要找工業的原料，就大事侵略。雖然，資本主義不一定要行帝國主義而後始能得到原料。同時，出賣原料者不一定就是受壓迫者。譬如：美國的出口貨之中，石油和棉花是大宗。日本、德國、意大利從美國輸入石油和棉花，不能，也不必行帝國主義，因為美國不但不禁止石油和棉花的出口，且竭力推銷。

總之，資本主義可變為帝國主義，也可以不變為帝國主義。未開發的國家容易受資本主義的國家的壓迫和侵略，也可以利用外國的資本來開發自己的富源及利用國際的通商來提高人民的生活程度。資本主義如同水一樣：水可以資灌溉，可以便利交通，也可以成災，要看人怎樣對付。

同時我們不要把帝國主義看得過於簡單，以為世界上沒有資本主義就沒有帝國主義了。七百年以前的蒙古人還在遊牧時代，無資本也無工業，但是他們對我的侵略，還在近代資本主義國家之上。三百年以前的滿洲人也是如此。在西洋方面，中古的亞拉伯人以武力推行回教，大行其宗教的帝國主義。十八世紀末年，法國革命家以武力強迫外國接受他們的自由平等，大行其革命的帝國主義。據我們所知，歷史上各種政體，君主也好，民主也好，各種社會經濟制度，資本主義也好，封建主義也好，共產主義也好，都有行帝國主義的可能。

同光時代的士大夫完全不了解時代的危險及國際關係的運用。他們只知道破壞李鴻章諸人所提倡的自強運動。同時他們又好多事，倘

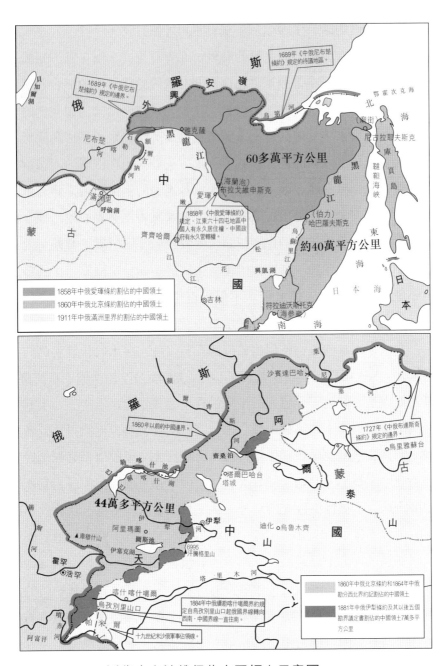

近代史上沙俄侵佔中國領土示意圖

若政府聽他們的話，中國幾無年無日不與外國打仗。

　　長江流域有太平天國之亂的時候，北方有捻匪，陝、甘、新疆有回亂，清廷令左宗棠帶湘軍去收復西北。俄國趁我回亂的機會就佔領了伊犁，這是俄國趁火打劫的慣技。在十九世紀，俄國佔領我們的土地最多。咸豐末年，俄國趁太平天國之亂及英法聯軍，強佔我國黑龍江以北及烏蘇里以東的地方，共三十萬方英里。現在俄國的阿穆爾省及濱海省包括海參崴在內，就是那次搶奪過去的。在同治末年。俄國佔領新疆西部，清廷提出抗議的時候，俄國又假仁假義的說，他全無領土野心，他只代表我們保守伊犁，等到我們平定回亂的時候，他一定把土地退還給我們。其實俄國預料中國絕不能平定回亂，中國勢力絕不能再伸到新疆。那麼俄國不但可以併吞伊犁，還可以蠶食全新疆。中國一時沒有辦法，只好把伊犁作為中俄間的懸案。

　　左宗棠軍事的順利不但出於俄國意料之外，還出於我們自己的意料之外。他次第把陝西甘肅收復了。到了光緒元年，他準備進攻新疆，軍費就成了大問題。從道光三十年洪秀全起兵到光緒元年，二十五年之間，中國無時不在內亂內戰之中，實已兵疲力盡，何能再經營新疆呢？並且交通不便，新疆民族複雜，面積浩大，成敗似乎毫無把握。於是發生大辯論，左宗棠頗好大喜功，他一意主進攻。他說祖宗所遺留的土地，子孫沒有放棄的道理，他又說倘若新疆不保，陝甘就不能保，陝甘不保，山西就不能保，山西不保，河北就不能保。他的理由似乎充足，言論十分激昂。李鴻章的看法正與左的相反。李說自從乾隆年間中國佔領新疆以後，中國沒有得着絲毫的好處，徒費駐防的兵費。這是實在的情形。他又說中國之大禍不在西北而在東邊沿海的各省，因為沿海的省份是中國的精華，而且帝國主義者的壓迫在東方的過於在西方的。自從日本維新以後，李鴻章更加焦急。他覺得日本是

中國的真敵，因為日本一心一意謀我，他無所圖，而且相隔既近，動
兵比較容易。至於西洋各國彼此互相牽制，向外發展不限於遠東，相
隔又遠，用兵不能隨便。李鴻章因此主張不進攻新疆而集中全國人力
物力於沿海的國防及腹地各省的開發。邊省雖然要緊，但是腹地倘有
損失，國家大勢就去了。反過來說，倘若腹地強盛起來，邊省及藩屬
自然的就保存了。左宗棠的言論比較動聽，李的比較合理，左是高調，
李是低調。士大夫階級一貫的尚感情，唱高調，當然擁護左宗棠。於
是借外債，移用各省的建設費，以供左宗棠進攻新疆之用。

　　左宗棠的運氣真好。因為新疆發生了內訌，並沒有遇着堅強的抵
抗。光緒三十年底，他把全疆克服了。中國乃派崇厚為特使，到俄國

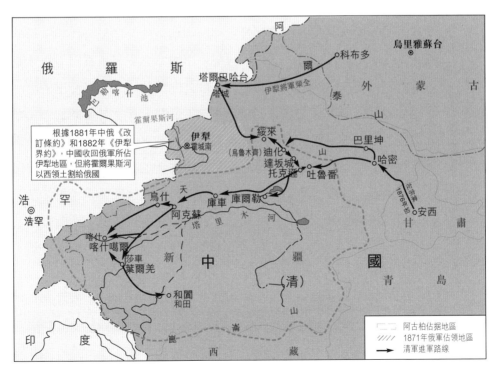

左宗棠收復新疆示意圖

去交涉伊犁的退還。崇厚所定的條約雖收復了伊犁城，但城西的土地幾全割讓與俄國，南疆及北疆之交通險要區亦割讓。此外，崇厚還許了很重要的通商權利，如新疆加設俄國領事館，經甘肅陝西到漢口的通商路線，及吉林松花江的航行權。士大夫階級主張殺崇厚，廢約，並備戰。這正是青年言論家如張之洞、張佩綸、陳寶琛初露頭角的時候。清廷竟為所動。於是腳慌手忙，調兵遣將，等到實際備戰的時候，政府就感覺困難了：第一，從伊犁到高麗東北角的圖們江止，沿中俄的交界線處處都要設防。哪裏有這麼多軍隊呢？首當其衝的左宗棠在新疆的部隊，就太疲倦，不願打仗。第二，俄國遠東艦隊故作聲勢，從海參崴開到日本洋面。中國因此又必須於沿海沿長江設防。清廷乃起用彭玉麟督長江水師來對付俄國的海軍。彭玉麟想滿載桐油木柴到日本洋面去施行火攻。兩漢總督劉坤一和他開玩笑，說時代非三國，統帥非孔明，火攻之計，恐怕不行呢！李鴻章看見書生誤國，當然極為憤慨。可是抗戰的情緒很高，他不敢公開講和。他只好使用手段。他把英國有名的軍官戈登將軍請來作軍事顧問。戈登是個老實人，好說實話。當太平天國的末年，他曾帶所謂常勝軍，立功不少。所以清廷及一般士大夫頗信任他。他的意見怎樣呢？他說，中國如要對俄作戰，必須作三件事：一、遷都於西安。二、長期抗戰至少十年；三、滿人預備放棄政權。因為在長期戰爭之中，滿清政權一定不能維持。清廷聽了戈登的意見以後，乃決心求和。我國近代史的一幕滑稽劇才因此沒有開演。

　　幸而俄國在光緒三、四年的時候，正與土耳其打仗，與英國的關係也很緊張，所以不願多事。又幸而中國當時有青年外交家曾紀澤，以極冷靜的頭腦和極堅強的意志，去貫徹他的主張。原來崇厚所訂的條約並沒有華政府的批准，尚未正式成立，曾紀澤運用外交得法，挽回了大部分的通商權利及土地，但償價加倍，共九百萬盧布。英國駐俄大使稱讚曾紀澤說：“憑外交從俄國取回她已佔領的土地，曾侯要算第一人。”

中俄關於伊犁的衝突告一段落的時候，中法關於越南的衝突就起了。

中國原來自己是個帝國主義，我們的版圖除本部以外，還包括緬甸、暹邏、越南、琉球、高麗、蒙古、西藏，這些地方可以分為兩類。蒙古、西藏屬於第一類，歸理藩院管，朝廷派有大臣駐紮其地。第二類即高麗越南等屬國，實際中國與他們的關係很淺，他們不過按期朝貢，新王即位須受中國皇帝的冊封。此外我們並不派代表常駐其國都，也不干涉他們的內政，在經濟方面，我們也十分消極。我們不移民，也不鼓勵通商，簡直是得不償失。但是我們的祖先何以費力去得這些屬地呢？此中也有原故，光緒七年（一八八一年）翰林院學士周德潤先生說得清楚：

> 臣聞天子守在四夷，此誠慮遠憂深之計。古來敵國外患，伏之甚微，而蓄之甚早。不守四夷而守邊境，則已無及矣；不守邊境而守腹地，則更無及矣。我朝幅員廣闊，龍沙雁海，盡列藩封。以琉球守東南，以高麗守東北，以蒙古守西北，以越南守西南。非所謂山河帶礪，與國同休戚者哉？

換句話說，在歷史上屬國是我們的國防外線，是代我守門戶的。在古代，這種言論有相當的道理；到了近代，局勢就大不同了。英國在道光年間直攻了廣東、福建、浙江、江蘇，英法聯軍直打進了北京，所謂國防外線簡直沒有用處。倘使在這種時代我們還要保存外線，我們也應該變更方案。我們應該協助這些弱小國家獨立，因為獨立的高麗、琉球、越南、緬甸絕不能侵略我們。所怕的不是他們獨立，是怕他們作帝國主義者的傀儡。無論如何，外人既直攻我們的腹地，我們無暇去顧外線了。協助這些弱小國家去獨立是革命的外交，正如蘇聯革命的初年，外受列強的壓迫，內有反革命的抗戰，列寧（Lenin）於是毅然決然放棄帝俄的屬國。

法國進攻越南的時候，士大夫階級大半主張以武力援助越南。張佩綸、陳寶琛、張之洞諸人特別激昂。李鴻章則反對。他的理由又是要集中力量火速籌備腹地的國防事業。清廷一方面怕清議的批評，一方面又怕援助越南引起中法戰爭，所以舉棋不定。起初是暗中接濟越南軍費和軍器，後來果然引起中法戰爭。那個時候官吏不分文武，文人尤好談兵。北京乃派主戰派的激烈分子張佩綸去守福州船廠。陳寶

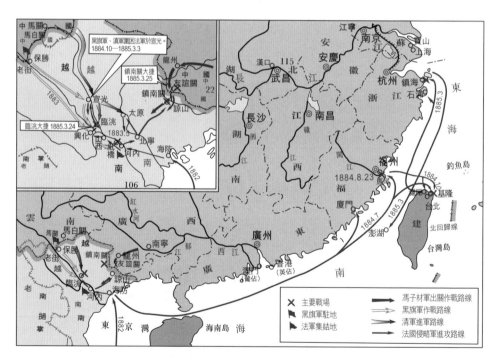

中法戰爭形勢圖

琛去幫辦兩江的防務。用不着說，紙上談兵的先生們是不濟事的。法國海軍進攻船廠的時候，張佩綸逃得頂快了。陳寶琛在兩江不但無補實際，連議論也不發了。打了不久就講和，和議剛成又打，再後還是接受法國的條件。越南沒有保存，我們的國防力量反大受了損失。左宗棠苦心創辦的福州船廠就在此時被法國毀了。

第五節　中日初次決戰

李鴻章在日本明治維新的初年就看清楚了日本是中國的勁敵。他並且知道中日的勝負要看哪一國的新軍備進步的快。他特別注重海軍，因為日本必須先在海上得勝，然後能進攻大陸。所以他反對左宗棠以武力收復新疆，反對為伊犁問題與俄國開戰，反對為越南問題與法國打仗。他要把這些戰費都省下來作為擴充海軍之用。他的眼光遠在一般人之上。

李鴻章既注重中日關係，不能不特別注意高麗。在國防上，高麗的地位極其重要，因為高麗作敵人陸軍侵略我東北的根據地，也可以作敵人海軍侵略我山東河北的根據地。反過來看，高麗在日本的國防上的地位也很要緊。高麗在我們手裏，日本尚感不安，一旦被俄國或英國所佔，那時日本所感的威脅就更大了。所以高麗也是日本必爭之地。

在光緒初年，高麗的國王李熙年幼，他的父親大院君李昰應攝政。大院君是個十分守舊的人，他屢次殺傳教士，他堅決不與外人通商。在明治維新以前，日韓關係，在日本方面，由幕府主持，由對馬

朝鮮的迎恩門

迎恩門位於朝鮮京城的西大門外，專為迎接宗主國——中國——皇帝的使臣之用。1897年淪為日本保護國後，朝鮮拆除迎恩門，改建獨立門。

島之諸侯執行。維新以後，大權歸日皇，所以日韓的交涉也改由日本中央政府主持。大院君厭惡日本的維新，因而拒絕與新的日本往來。日本國內的舊諸侯武士們提倡"征韓"。這種征韓運動，除了高麗不與日本往來外，還有三個動機：（一）日本不向海外發展不能圖強；（二）日本不先下手，西洋各國，尤其是俄國，恐怕要下手；（三）征韓能為一般不得志的武士謀出路。光緒元年（即日本明治八年）發生高麗炮擊日本船的案子，所謂江華島事件。主張征韓者更有所藉口。

　　當時日本的政治領袖如岩倉、大久保、伊藤、井上諸人原反對征韓。他們以為維新事業未發展到相當程度以前，不應輕舉妄動的貪圖向外發展。但是在江華島事件發生以後，他們覺得無法壓制輿論，不能不有所主動。於是他們一面派黑田青隆及井上率艦隊到高麗去交涉通商友好條約，一面派森有禮來北京試探中國的態度，並避免中國的阻抗。

　　森有禮與我們的外交當局大起辯論。我們始終堅持高麗是我們的屬國：如日本侵略高麗，那就是對中國不友誼，中國不能坐視。森有禮則說中國在朝鮮的宗主權是有名無實的，因為中國在高麗不負任何責任，就沒有權利。

黑田與井上在高麗的交涉成功。他們所訂的條約承認高麗是獨立自主的國家。這就是否認中國的宗主權，中國應該抗議，而且設法糾正。但是日本和高麗雖都把條文送給中國，北京沒有向日本提出抗議，也沒有責備高麗不守本分。中國實為傳統觀念所誤。照中國傳統觀念，只要高麗承認中國為宗主，那就夠了。第三國的承認與否是無關宏旨的。在光緒初年，中國在高麗的威信甚高，所以政府很放心，就不注意日韓條約了。

高麗與日本訂約的問題過了以後，中日就發生琉球的衝突。琉球自明朝洪武十五年（一三八二年）起隸屬於中國。歷五百餘年，琉球按期進貢，曾未中斷，但在明萬曆三十年（一六〇二年）琉球又向日本薩摩諸侯稱藩，成了兩屬，好像一個女子許嫁兩個男人。幸而這兩個男人曾未遇面，所以這種奇怪現象竟安靜無事的存在了二百七十多年。自日本維新，力行廢藩以後，琉球在日本看來，既然是薩摩的藩屬，也在應廢之列。日本初則阻止琉球入貢中國，終則改琉球為日本一縣。中國當然反對，也有人主張強硬對付日本，但日本實在時候選的好，因為這正是中俄爭伊犁的時候。中國無法，只好把琉球作為一個懸案。

可是琉球問題暴露了日本的野心。士大夫平素看不起日本的到這時也知道應該戒備了。日本既能滅琉球，就能滅高麗。琉球或可不爭，高麗則勢在必爭。所以他們專意籌劃如何保存高麗。光緒五、六年的時候，中國可以說初次有個高麗政策。李鴻章認定日本對高麗有領土野心，西洋各國對高麗則只圖通商和傳教。在這種形勢之下，英、美、法各國在高麗的權利愈多，他們就愈要反對日本的侵略。光緒五年，李鴻章寫給高麗要人李裕元的信説得很清楚：

> 為今之計，似宜用以毒攻毒以敵制敵之策，乘機次第
> 與泰西各國立約，藉以牽制日本。彼日本恃其詐力，以鯨
> 吞蠶食為謀，廢滅琉球一事，顯露端倪。貴國不可無以備
> 之。然日本之所畏服者泰西也。以朝鮮之力制日本或虞其
> 不足，以統與泰西通商制日本，則綽乎有餘。

經過三年的勸勉與運動，高麗才接受這種新政。光緒八年春，由中國介紹，高麗與英、美、德、法訂通商條約。

高麗不幸忽於此時發生內亂。國王的父親大院君李昰應一面反對新政，一面忌王后閔氏家族當權。他於光緒八年六月忽然鼓動兵變，圍攻日本使館，誅戮閔族要人。李鴻章的謀士薛福成建議中國火速派兵進高麗，平定內亂，一則以表示中國的宗主權，一則以防日本。中國派吳長慶率所部淮軍直入高麗京城。吳長慶的部下有兩位青年，張謇和袁世凱。他們膽子很大，高麗的兵也沒有抵抗的能力。於是他們把大院君首先執送天津，然後派兵佔領漢城險要，幾點鐘的功夫，就把李昰應的軍隊打散了。吳長慶這時實際作高麗的主人翁了。後高麗許給日本賠款並許日本使館保留衛隊。這樣，中日兩國都有軍隊在高麗京都，形成對峙之勢。

八年夏初之季，中國在漢城的勝利，使得許多人輕敵。張謇主張索性滅高麗。張佩綸和鄧承修主張李鴻章在煙台設大本營，調集海陸軍隊，預備向日本宣戰。張佩綸説：

> 日本自改法以來，民惡其上，始則欲復封建，繼則欲
> 改民政。薩、長二黨爭權相傾，國債山積，以紙為幣，雖
> 兵制步伍泰西，略得形似，然外無戰將，內無謀臣。問其

師船則以扶桑一艦為冠，固已鐵蝕木窳，不耐風濤，餘皆
小炮小舟而已，去中國定遠鐵船、超勇、揚威遠甚，問其
兵數，則陸軍四五萬人，水軍三四千人，猶且官多缺員，
兵多缺額，近始雜募游惰，用充行伍，未經戰陣，大半恇
怯，又去中國淮湘各軍遠甚。

鄧承修也是這樣説：

扶桑片土，不過內地兩行省耳。總核內府現銀不滿
五百萬兩。窘迫如此，何以為國？水師不滿八千，船艦半
皆朽敗，陸軍內分六鎮，統計水陸不盈四萬，而又舉非精
銳。然彼之敢於悍然不顧者，非不知中國之大也，非不知
中國之富且強也，所恃者中國之畏事耳，中國之重發難端
耳。

這兩位自命為“日本通”者，未免看事太易。李鴻章看的比較清
楚。他説：

彼自變法以來，一意媚事西人，無非欲竊其緒餘，以
為自雄之術。今年遣參議伊藤博文赴歐洲考察民政，復遣
有棲川親王赴俄，又分遣使聘意大利，駐奧匈帝國，冠蓋
聯翩，相望於道，其注意在樹交植黨。西人亦樂其傾心親
附，每遇中日交涉事件，往往意存袒護。該國洋債既多，
設有危急，西人為自保財利起見，或且隱助而護持之。

夫未有謀人之具，而先露謀人之形者，兵家所忌。日
本步趨西法，雖僅得形似，而所有船炮略足與我相敵。若
必跨海數千里與角勝負，制其死命，臣未敢謂確有把握。

第東征之事不必有，東征之志不可無。中國添練水

師，實不容一日稍緩。昔年戶部指撥南北洋海防經費，每歲共四百萬兩。無如指撥之財，非盡有着之款。統計各省關所解南北洋防費，約僅及原撥四分之一。可否請旨飭下戶部總理衙門，將南北洋每年所收防費，核明實數，務足原撥四百萬兩之數。如此則五年之後，南北洋水師兩枝當可有成。

這次大辯論終了之後，越南問題又起來了。張佩綸、鄧承修諸人忽然忘記了日本，大事運動與法國開戰。中、法戰事一起，日本的機會就到了。這時高麗的黨政軍正成對壘之陣。一面有開化黨，其領袖即洪英植、金玉均、朴泳孝諸人，其後盾即日本公使竹添進一郎。這一派是親日的，想借日本之勢力以圖獨立的。對面有事上黨，領袖即金允植、閔泳翊、尹泰駿諸人，後盾是袁世凱。這一派是聯華的，想託庇於我們的保護之下，以免日本及其他各國的壓迫。漢城的軍隊有中國的駐防軍和袁世凱代練的高麗軍在一面，對面有日本使館的衛隊及日本軍官所練的高麗軍。在中法戰爭未起以前，開化黨不能抬頭，既起以後，竹添就大活動起來，說中國自顧不暇，哪能顧高麗？於是洪英植諸人乃決計大舉。

光緒十年十月十七夜，洪英植設宴請外交團及高麗要人。各國代表都到，惟獨竹添稱病不至。後忽報火警，在座的人就慌亂了。閔泳翊出門，被預埋伏兵士所殺。洪英植跑進王宮，宣稱中國兵變，強迫國王移居，並召竹添帶日兵進宮保衛。竹添這時不但無病，且親率隊伍入宮。國王到了開化黨的手裏以後，下詔召事上黨領袖。他們一進宮就被殺了。於是宣佈獨立，派開化黨的人組閣。

十月十九日，袁世凱帶他所練的高麗兵及中國駐防漢城的軍隊進宮。中日兩方就在高麗王宮裏開戰了。竹添見不能抵抗，於是撤退。

王宮及國王又都到袁世凱手裏。洪英植、朴泳孝被亂兵所殺，金玉均隨着竹添逃到仁川，後投日本；政權全歸事上黨及袁世凱，開化黨完全打散了。袁世凱這時候尚不滿三十，忽當大事，因電報不通無法請示，只好便宜行事。他敢大膽的負起責任，制止對方的陰謀。難怪李鴻章從此看重他，派他作駐高麗的總代表。

　　竹添是個浪人外交家。他如果沒有違反日本政府的意旨，至少他超過了他政府所定的範圍。事變以後，日本政府以和平交涉對高麗，亦以和平交涉對中國。光緒十一年春，伊藤與李鴻章訂《天津協定》，雙方皆撤退駐高麗的軍隊，但高麗以後如有內亂，中日皆得調兵進高麗。

　　光緒十一年（一八八五年）英俄兩國因為阿富汗的問題，幾至開戰。他們的衝突波及遠東。英國為預防俄國海軍從海參崴南下，忽然佔領高麗南邊之巨磨島。俄國遂謀佔領高麗東北的永興灣。高麗人見日本不可靠，有與俄國暗通，求俄國保護者。在這種形勢之下，英國感覺危險，日本更怕英俄在高麗得勢。於是日本、英國都慫恿中國在高麗行積極政策。英國覺得高麗在中國手裏與英國全無損害，倘到俄國手裏，則不利於英國甚大。日本亦覺得高麗在中國手裏他將來還有法子奪取；一旦到了俄國手裏，簡直是日本的致命之傷。所以這種形

朝鮮景福宮修正殿

景福宮是朝鮮李朝時期的王宮，是朝鮮國家政治權力的中心，其建筑風格酷似中國的故宮。此圖為十九世紀的景福宮修正殿。

勢極有利於我們，李鴻章與袁世凱遂大行其積極政策。

　　從光緒十一年到二十年，中國對高麗的政策完全是李鴻章和袁世凱的政策。他們第一緊緊的把握高麗的財政，高麗想借外債，他們竭力阻止。高麗財政絕無辦法的時候，他們令招商局出面借款給高麗。高麗的海關，是由中國海關派員代為管理，簡直可說是中國海關的支部。高麗的電報局是中國電報局的技術人員用中國的材料代為設立，代為管理的。高麗派公使到外國去，須先得中國的同意，到了外國以後，高麗的公使必須遵守三種條件：

　　　　一、韓使初至各國，應先赴中國使館具報，請由中國欽差挈同赴外部，以後即不拘定。二、遇有朝會公宴酬酢交際，韓使應隨中國欽差之後。三、交涉大事關係緊要者，韓使應先密商中國欽差核示。

　　這種政策雖提高了中國在高麗的地位，但與光緒五年李鴻章最初所定的高麗政策絕對相反。最初李要高麗多與西洋各國往來，想借西洋的通商和傳教的權利來抵制日本的領土野心。此時李、袁所行的政策是中國獨佔高麗。到了光緒十八九年，日本感覺中國在高麗的權利膨脹過甚，又想與中國對抗。中國既獨佔高麗的權利，到了危急的時候，當然只有中國獨當其衝。

　　甲午戰爭直接的起因又是高麗的內亂。光緒二十年（即甲午，西曆一八九四年）高麗南部有所謂東學黨，聚眾數千作亂，中日兩國同時出兵，中國助平內亂，日本藉口保衛僑民及使館。但東學黨造亂的地方距漢城尚遠，該地並無日本僑民，且日本派兵甚多，遠超保僑所需之數。李鴻章知道日本另有野心，所以竭力先平東學黨之亂，使日本無所藉口。但是內亂平定之後，日本仍不撤兵。日本聲言高麗內亂之根在內政之不修明，要求中日兩國共同強迫高麗改革內政。李不答應，因為這就是中日共管高麗。

　　這時日本輿論十分激烈，一意主戰。中國輿論也激烈，要求李鴻章火速出兵，先發制人。士大夫覺得高麗絕不可失，因為失高麗就無法保東北。他們以為日本國力甚小：「倭不度德量力，敢與上國抗衡，實以螳臂擋車，以中國臨之，直如摧枯拉朽。」李鴻章則覺得一調大兵，則雙方勢成騎虎，終致欲罷不能。但他對於外交又不讓步。他這種軍事消極，外交積極的辦法，是很奇怪的，他有他的理由。俄國公使喀西尼（Cassini）答應了他，俄國必勸日本撤兵，如日本不聽，俄國必用壓服的方法。李覺得既有俄國的援助，不必對日本讓步。殊不知喀西尼雖願意給我援助，俄國政府不願意。原來和戰的大問題，不是一個公使所能負責決定的。等到李鴻章發現喀西尼的話不能兌現，中日外交路線已經斷了，戰事已經起始了。

　　中日兩國同於七月初一宣戰。八月十八（陽曆九月十七）兩國海軍在高麗西北鴨綠江口相遇。那一次的海軍戰爭是我民族在這次全面

北洋海軍的旗艦定遠艦

黃海海戰的歷史鏡頭

這是黃海海戰即將爆發時，日方拍攝的照片。照片左側遠處是清朝北洋海軍的煤煙航跡，中右側是日本海軍的煤煙航跡。

抗戰以前最要緊的一個戰爭。如勝了，高麗可保，東北不致發生問題，而在遠東中國要居上日本居下了。所以甲午八月十八的海軍之戰是個劃時代的戰爭，值得我們研究。那時我國的海軍力比日本海軍大。我們的佔世界海軍第八位，日本佔第十一位。我們的兩個主力艦定遠和鎮遠各七千噸；日本頂大的戰艦不過四千噸。但日本的海軍也有優點，日本的船比我們快，船上的炮比我們多，而且放的快。我們的船太參差不齊，日本的配合比較合用。所以從物質上說來，兩國海軍實相差不遠。那一次我們失敗的原故很多。第一，戰略不如人。我方原定艦隊排"人"字陣勢，由定遠鎮遠兩鐵甲船居先，稱戰鬥之主力。海軍提督丁汝昌以定遠為坐艦，艦長是劉步蟾。丁本是騎兵的軍官，不懂海軍。他為人忠厚，頗有氣節，李鴻章靠他不過作精神上的領導而已。劉步蟾是英國海軍學校畢業的學生，學科的成績確是上等的。而且頗識莎士比亞的戲劇，頗有所謂儒將的風度。丁自認不如劉，所以實際是劉作總指揮。等到兩軍相望的時候，劉忽下令把"人"字陣完全倒置，定遠、鎮遠兩鐵甲船居後，兩翼的弱小船隻反居先。劉實膽怯，倒置的原故想圖自全。這樣一來陣線亂了，小船的人員都心慌了。而且日本得乘機先攻我們的弱點了。

其次，我們的戰術也不及人。當時在定遠船上的總炮手英人泰樂爾（Tyler）看見劉步蟾變更陣勢，知道形勢不好。他先吩咐炮手不要太遠就放炮，不要亂放炮，因為船上炮彈不多，必命中而後放。吩咐好了以後，他上望台，站在丁提督旁邊，準備幫丁提督指揮。但丁不懂英文，泰樂爾不懂中文，兩人只好比手勢交談。不久炮手即開火，而第一炮就誤中自己的望台，丁受重傷，全戰不再指揮，泰樂爾亦受

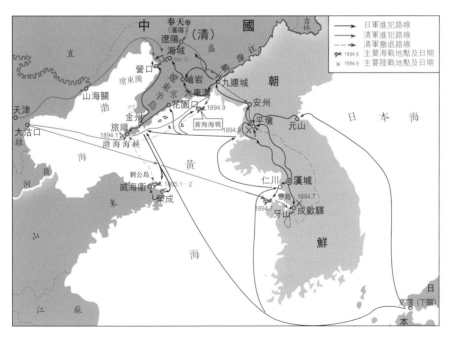

中日甲午戰爭形勢圖

輕傷。日本炮彈的準確遠在我們的之上，結果，我海軍損失過重，不敢再在海上與日人交鋒。日人把握海權，陸軍輸送得行動自由，我方必須繞道山海關。其實海軍失敗以後，大事就去了。陸軍之敗更甚於海軍。

次年三月，李鴻章與伊藤訂《馬關和約》。中國承允高麗獨立，割台灣及遼東半島，賠款二萬萬兩。近代的戰爭固不是兒戲。不戰而求和當然要吃虧，這一次要吃虧的是高麗的共管。但戰敗以後而求和，吃虧之大遠過於不戰而和。同治、光緒年間的政治領袖如曾、左、李及恭親王、文祥諸人原想一面避戰，一面竭力以圖自強。不幸，時人不許他們，對自強事業則多方掣肘，對邦交則好輕舉妄動，結果就是誤國。

第四章

瓜分及民族之復興

第一節　李鴻章引狼入室

　　甲午戰爭未起以前及既起以後，李鴻章用各種外交方法，想得西洋各國的援助，但都失敗了。國際的關係，不比私人間的關係，是不講理，不論情的。國家都是自私自利的。利害相同就結合為友，為聯盟；利害衝突就成為對敵。各國的外交家都是精於打算盤的。西洋各國原想在遠東大大的發展，但在甲午以前，沒有積極推動，一則因為他們忙於瓜分非洲；二則因為他們互相牽制各不相下；三則因為在遠東尚有中國與日本兩個獨立國家，具有相當的抵抗能力。在中日戰爭進行的時候，李鴻章雖千方百計的請求他們的援助，他們總是抱隔岸觀火的態度，嚴守中立。他們覺得中國愈敗，愈需要他們的援助，而且愈願意出代價。同時他們又覺得日本雖打勝仗，戰爭總要削減日本的力量。在西洋人的眼光裏，中日戰爭，無論誰敗，實是兩敗俱傷的。他們反可坐收漁人之利。所以他們不援助我們於未敗之前。

　　等到《馬關條約》一簽字，俄、德、法三國就聯合起來，強迫日本退還遼東半島，包括旅順、大連在內。主動是俄國，德、法不過附和，當時俄國財政部長威特（Witte）正趕修西比利亞鐵路，他發現東邊的一段，如繞黑龍江的北岸，路線太長，工程太困難，如橫過我們的東三省，路線可縮短，工程也容易的多。同時海參崴太偏北，冬季結冰，不便航行。如果俄國能得大連、旅順，俄國在遠東就能有完善的軍港和商港。完成西比利亞鐵路及得一個不凍冰的海口；這是威特想要乘機而達到的目的。法國當時聯俄以對德，俄要法幫忙，法不敢拒絕，何況法國也有野心家想乘機向遠東發展呢？德國的算盤打得更精。他想附和俄國，一則可以使俄國知道德國是俄國的朋友，俄國不必聯絡法國；二則俄國如向遠東發展，在歐洲不會多事，德國正好順風推舟；三則德國也可以向我們索取援助的代價。這是三國干涉《馬關和約》實在的動機。

俄、德、法三國的作法是十分冠冕堂皇的。《馬關條約》發表以後，他們就向我們表示同情，說條約太無理，他們願助中國挽回失地的一部分。在我們那時痛恨日本的情緒之下，這種友誼的表示是求之不得的。我們希望三國能把台灣及遼東都替我們收回來。同時三國給與所謂友誼的勸告，說日本之佔領遼東半島不利於遠東和平。戰後之日本固不敢不依從三國的勸告，於是退還遼東，但加賠款三千萬兩。中國覺得遼東半島不止值三千萬兩，所以我們覺得應感激三國的援助。

《馬關條約》原定賠款二萬萬兩，現在又加三千萬兩，中國當然不能負擔。威特一口答應幫我從法、俄銀行借一萬萬兩，年息四厘。數目之大，利率之低，誠使我們受寵若驚。俄國真可算是我們的好朋友！

光緒二十二年，一八九六年，俄皇尼古拉二世（Nicholas II）行加冕典禮。帝俄政府向我表示：當中俄兩國特別要好的時候，中國應該派頭等大員去作代表，才算是給朋友面子。中國乃派李鴻章為慶賀加冕大使。這位東方的畢士麥克（註：Bismarck，1815－1898，即德意志帝國首任宰相俾斯麥）於是到歐洲去了。威特深知中國的心理，所以他與李鴻章交涉的時候，首言日本之可惡可怕，這是李鴻章願意聽的話，也是全國人士願意聽的話。這種心理的進攻既然順利，威特乃進一步陳言俄國對我之援助如何是心有餘而力不足。他說當中日戰爭之際，俄國本想參戰，但因交通不便，俄軍未到而中日戰爭就完了。以後中國如要俄國給予有力的援助，中國必須使俄國修條鐵路橫貫東三省。李鴻章並未駁辯威特的理論，但主張在中國境內之鐵路段，應由中國自修，威特告以中國人力財力不足，倘自修，則十年尚不能成，將緩不濟急。威特最後說，如中國堅拒俄國的好意，俄國就不再助中國了。這一句話把李鴻章嚇服了。於是他與威特簽定密約，俄許援助中國抵抗日本，中許俄國建築中東鐵路。

光緒二十二年的《中俄密約》是李鴻章終身的大錯。甲午戰爭以後，日本並無於短期內再進攻中國的企圖。是時日本政府反轉過來想聯絡中國。因為西洋倘在中國勢力太大，是於日本不利的。威特的本意不是要援助中國，是要利用中東鐵路來侵略中國的。以後瓜分之禍，及日俄戰爭、二十一條、九一八這些國難都是那個密約引出來的。

李鴻章離開俄國以後，路過德、法、比、英、美諸國，他在柏林的時候，德國政府試探向他要代索遼東的報酬，他沒有答應。德國公使以後又在北京試探，北京也沒有答應。光緒二十三年秋，山東曹州殺了兩個傳教士，德國乘機一面派兵佔領青島，一面要想租借膠州灣及青島及在山東修鐵路和開礦權。中國於二十四年春答應了。山東就算是德國的利益範圍。

李鴻章出訪法國
1896 年 7 月，李鴻章訪問法國，受到法國總統福爾德接見。

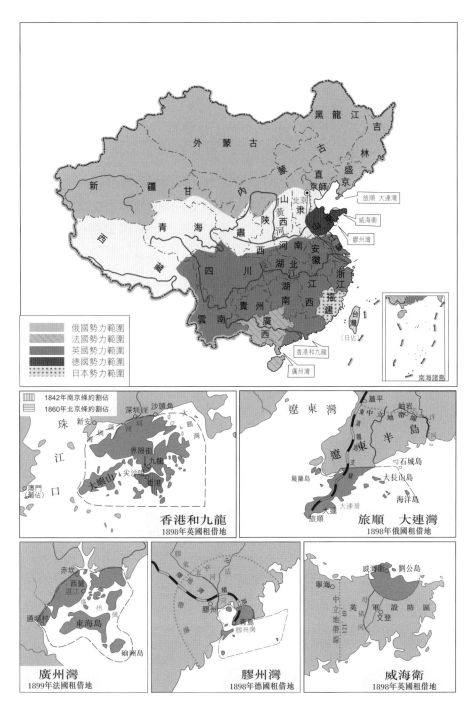

列強在華劃分勢力範圍示意圖

俄國看見德國佔了便宜，於是調兵船佔旅順、大連。俄國說為維持華北的勢力均衡，並為助我的方便，他不能不有旅順、大連，並且還要修南滿鐵路。中國也只好答應。我們費三千萬贖回來的遼東半島，這時俄國又奪去了。俄國還說，他是中國惟一的朋友！俄國的外交最陰險：他以助我之名，行侵我之實。以後他在東北既有了中東鐵路、南滿鐵路及大連、旅順，東三省就成了俄國的勢力範圍。

於是英國要求租借威海衛和九龍及長江流域的優越權利。法國要求租廣州灣及廣東、廣西、雲南的優越權利。日本要求福建的優越權利。意大利要求租浙江的三門灣。除意大利的要求以外，中國都答應了。這就是所謂瓜分。惟獨美國沒有提出要求，但他運用外交，使各國不完全割據各國所劃定的範圍，使各國承認各國在中國境內都有平等的通商權利。這就是歷史上有名的門戶開放主義。

這種瓜分運動就是甲午的敗仗引起來的。在近代的世界，敗仗是千萬不能打的。

第二節　康有為輔助光緒變法

假使我們是甲午到戊戌那個時代的人，眼看見國家被小小的日本打敗了，打敗了以後又要割地賠款，我們還不激昂慷慨想要救國嗎？又假使我們就是那個時代的人，新知識新技術都沒有，所能作的僅八股文章，所讀過的書，僅中國的經史，我們救國方案還不是離不開我們的經典，免不了作些空泛而動聽的文章？假使正在這個時候，我們中間出了一個人提出一個偉大的方案，既合乎古訓，又適宜時局，其文章是我們所佩服的，其論調正合乎我們的胃口，那我們還不擁護他嗎？康有為就是這時代中的這樣的人。

康有為是廣東南海縣人，生在咸豐五年，一八五五年（註：應為咸豐八年，1858 年），比孫中山先生大十一歲。他家好幾代都是讀書人。他的家教和他的先生朱九江給他的教訓，除預備他能應考試，取科名外，特別注重中國政治制度的沿革及一般所謂經世致用之學。他不懂任何外國文字，在戊戌以前，也沒有到外國去過。但他到過香港、上海，看見西洋人地方行政的整齊，受

康有為像

了很大的刺激。他覺得這種優美的行政必有文化和思想的背景和淵泉。可惜那個時候國內還沒有討論西洋政治、經濟的書籍。康有為所能得的僅江南製造局及教會所譯的初級天文、地理、格致、兵法、醫藥及耶穌教經典一類的書籍。但他是個絕頂聰明的人，"能舉一反三，因小以知大，自是於其學力中別開一境界。"

我們已經說過，同光時代李鴻章所領導的自強運動限於物質方面，是很不徹底的。後來梁啟超批評他說：

　　知有兵事而不知有民政，知有外交而不知有內治，知有朝廷而不知有國民，知有洋務而不知有國務，以為吾中國之政教風俗，無一不優於他國，所不及者惟槍耳，炮

耳，船耳，機器耳。吾但學此，而洋務之能事畢矣。

這種批評是很對的。可是李鴻章的物質改革已遭時人的反對，倘再進一步的改革政治態度，時人一定不容許他。甲午以後，康有為覺得時機到了。李鴻章所不敢提倡的政治改革，康有為要提倡。這就是所謂變法運動。

我國自秦漢以來，兩千多年，只有兩個人曾主張變法，一個是王莽，一個是王安石。兩個都失敗了。王莽尤其成為千古的罪人。所以沒有敢談變法。士大夫階級都以為法制是祖宗的法制，先聖先賢的法制，歷代相傳，絕不可變更的。康有為知道非先打破這個思想的難關，變法就無從下手。所以在甲午以前，他寫了一篇《孔子改制考》。他說孔子根本是個改革家。孔子作《春秋》的目的就是要改革法制。《春秋》的真義在《公羊傳》裏可以看出來。《公羊傳》講"通三統"那就是說夏、商、周三代的法制並無沿襲，各代都因時制宜，造出各代的法制。《公羊傳》又講"張三世"，那就是說，以專制政體對亂世，立憲政體對升平之世，共和政體對太平之世。康有為這本書的作用無非是抓住孔子作他思想的傀儡，以便鎮壓反對變法的士大夫。

康有為在甲午年中了舉人，乙未年成了進士。他是那個國難時期的新貴。他就趁機會組織學會，發行報紙來宣傳，一時附和的人很不少。大多數並不了解他的學說，也不知道他的改革具體方案，只有極少數可以說是他的忠實同志。但是他的運動盛極一時，好像全國輿論是擁護他的。

孔子是舊中國的思想中心。抓住了孔子，思想之戰就成功了。皇帝是舊中國的政治中心。所以康有為的實際政治工作是從抓住皇帝下手。他在嚴重的國難時期之中，一再上書給光緒皇帝，大講救國之道。光緒也受了時局的刺激，很想努力救國。他先研究康有為的著作，後召見康有為。他很賞識他，因為種種的困難，只教他在總理衙門行走，戊戌春季的瓜分，更刺激了變法派和光緒帝。於是他又派康有為的四位同志楊銳、劉光第、林旭、譚嗣同在軍機處辦事。從戊戌四月二十三日到八月初，康有為輔助光緒行了百日的維新。

在這百天之內，康有為及其同志推行了不少的新政。其中最要緊的有二件事。第一，以後政府的考試不用八股文，都用政治、經濟的策論。換句話說，以後讀書人要做官不能靠虛文，必須靠實學。第二，調整行政機構。康有為裁汰了許多無用的衙門和官職，如詹事府、通政司、光祿寺、鴻臚寺、太僕寺、大理寺，以及總督同城的巡撫、不治河的河督、不運糧的糧道、不管鹽的鹽道。同時他添了一個農工商總局，好像我們現在的經濟部，想要推行經濟建設。這兩件大新政，在我們今日看起來，都是應該早辦的，但在戊戌年間，雖然國難那樣嚴重，反對的人居大多數。為甚麼呢？一句話，打破了他們的飯碗。人人都知道廢八股，提倡實學，但數百翰林，數千進士，數萬舉人，數十萬秀才，數百萬童生，全國的讀書人都覺得前功盡棄。他們費了多少的心血，想從之乎也者裏面，升官發財。一旦廢八股，他們絕望了。難怪他們要罵康有為洋奴漢奸。至於被裁的官員更不要說，無不切齒痛恨。

康有為既然抓住皇帝來行新政，反對新政的人就包圍西太后，求"太后保全，收回成命。"這時光緒雖作皇帝，實權仍在西太后手裏。他們兩人之間久不和睦。西太后此時想索性廢光緒皇帝。新派的人於是求在天津練兵的袁世凱給他們武力的援助。袁世凱嫌他們孟浪，不肯合作，而且洩露他們的機密。西太后先發制人，把光緒囚禁起來，說皇帝有病，不能理事，復由太后臨朝訓政。康有為逃了，別人也有逃的，也有被西太后處死的。他們的新政完全打消了。

京師大學堂職員

1898 年康有為主持的戊戌變法，真正落實的只是設立了京師大學堂（1912 年更名為北京大學）。圖為京師大學堂職員合影，中間正坐者為總監督勞乃宣。

第三節　頑固勢力總動員

在戊戌年的變法運動之中，外國人頗偏袒光緒帝及維新派，反對西太后及頑固黨。因此一個內政的問題就發生國際關係了。後康有為、梁啟超逃難海外，又得着外國人的保護。他們在逃難之中發起保皇會，鼓動外國人和華僑擁護光緒。這樣，西太后和頑固黨就恨起洋人來了。西太后要廢光緒，立端王載漪的兒子溥儁作皇帝。剛毅、崇綺、徐桐、啟秀諸頑固分子想在新王之下操權，於是慫恿廢立。但各國駐京公使表示不滿意，他們的仇外的心理更進了一層。

頑固黨僅靠廢立問題還不能號召天下，他們領導的運動所以能擴大，這是因為他們也是愛國分子。自鴉片戰爭到庚子年，這六十年中所受的壓迫，所堆積的憤慨，他們覺得中國應該火速抗戰，不然國家就要亡了。我們不要以為頑固分子不愛國，從鴉片戰爭起，他們是一貫的反對屈服，堅強的主張抗戰。在戊戌年，西太后復政以後，她硬不割讓三門灣給意大利。她令浙江守土的官吏準備抗戰。後意大利居然放棄了他的要求，頑固黨更加覺得強硬對付洋人是對的。

傳教士

晚清時期，天主教和基督教競相派傳教士來華傳教，他們對中國的醫療、教育均有建樹，但受諸多因素影響，使得他們與大部分國人的芥蒂很深。

上海徐家匯的教堂

最早開埠的上海，一度成為中國天主教中心。徐家匯的天主教堂始建於 1847 年，由法國天主教耶穌會興建，1896 年，在其側又建新堂，十分宏偉壯觀，是上海最大的教堂。

外人在中國不但通商佔地，還傳教。這一層尤其招頑固分子的憤恨。他們覺得孔孟的遺教是聖教，洋人的宗教是異端，是邪教，中國最無知的愚民，都知道孝敬父母，尊順君師，洋人是無父無君的。幾千年來，都是外夷學中國，沒有中國學外夷的道理。這種看法在當時是很普遍的。譬如大學士徐桐是大理學家倭仁的門弟子，自己也是個有名的理學家，在當時的人物中，算是一個正派君子。他和他的同志是要保衛中國文化而與外人戰。他們覺得鏟草要除根，排斥異端非盡驅逐洋人不可。

但是中國與日本戰尚且打敗了，怎能一時與全世界開戰呢？頑固分子以為可以靠民眾。利用民眾或“民心”或“民氣”去對外，是林則徐、徐廣縉、葉名琛一直到西太后、載漪、剛毅、徐桐傳統的法寶。凡是主張剿夷的莫不覺得四萬萬同胞是有勝無敗的。甲午以後，山東正有民間的義和團出現。頑固分子覺得這個義和團正是他們所需要的武力。

義和團（又名義和拳）最初是大刀會，其本質與中國流行民間的各種會匪並無區別。這時的大刀會專以洋人，尤其是傳教士為對象，民眾對洋人也有多年的積憤。外國傳教士免不了偏袒教徒，而教徒有的時候免不了仗洋人的勢力欺侮平民。民間許多帶宗教性質的廟會敬神，信基督教的人不願意合作。這也引起教徒與非教徒的衝突。民間尚有種種謠言，說教士來中國的目的不外挖取中國人的心眼以煉藥丹，又一說教士竊取嬰孩腦髓，室女紅丸。民間生活是很痛苦的，於是把一切罪惡都歸到洋人身上。洋人，附洋人的中國人，以及與洋人有關的事業如教堂、鐵路、電線等、皆在被打倒之列。義和團的人自信有鬼神保佑，洋人的槍炮打不死他們。山東巡撫李秉衡及毓賢前後鼓勵他們，因此他們就以扶清滅洋的口號在山東擾亂起來。

清軍士兵中的義和團團民
這是董福祥甘軍士兵中的義和團團民，
在庚子之亂中，是攻打北京教堂和各國
使館的主力軍。

　　己亥年（光緒二十五年，一八九九年）袁世凱作山東巡撫，他就
不客氣，把義和團當作亂民，派兵痛剿。團民在山東站不住，於己亥
冬庚子春逃入河北。河北省當局反表示歡迎，所以義和團就在河北得
勢了。毓賢向載漪、剛毅等大替義和團宣傳，說他們如何勇敢，可
靠。載漪和剛毅介紹義和團給西太后，於是義和團在北京得勢了。西
太后及想實行廢立的親貴，頑固的士大夫及頑固愛國志士都與義和團
打成一片，精誠團結去滅洋，以為滅了洋人他們各派的公私目的都能
達到。庚子年拳匪之亂是我國頑固勢力的總動員。

　　經過四次的御前會議，西太后乃於五月二十五日向各國同時宣
戰。到七月二十日，董福祥的軍隊連同幾萬拳匪，拿着他們的引魂
幡、混天大旗、雷火扇、陰陽瓶、九連環、如意鈎、火牌、飛劍，及
其他法寶，僅殺了一個德國公使，連東交民巷的公使館都攻不破。同
時八國聯軍由大沽口進攻，佔天津，慢慢的逼近北平。於是西太后同
光緒帝逃到西安。李鴻章又出來收拾時局。

義和團運動與八國聯軍侵華戰爭示意圖

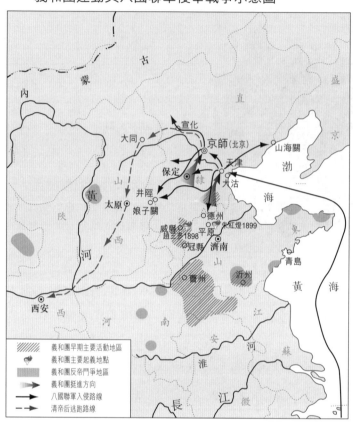

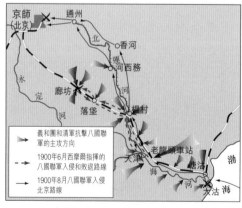

京津地區示意圖

被義和團燒毀的東交民巷
東交民巷是當時的使館區，也
是清軍和義和團圍攻的重點，
損毀十分嚴重。

　　拳匪之亂的結束是《辛丑條約》，除懲辦禍首及道歉外，《辛丑
條約》有三個嚴重的條款。第一，賠款四萬萬五千萬兩，分三十九年
還清，在未還清以前，按每年四厘加利，總計實九萬萬八千餘萬兩。
俄國的部分最多，（那時中俄尚是聯盟國）佔百分之二十九，德國次
之，佔百分之二十，法國佔百分之十六弱，英國佔百分之十一強，日
本與美國各佔百分之七強。第二，各國得自北京到山海關沿鐵路線駐
兵。近來日本增兵平津，就藉口《辛丑條約》。第三，劃定並擴大北
京的使館區，且由各國留兵北京以保衞使館。

　　這種條款，夠嚴重了。但我們所受的損失最大的還不是《辛丑條
約》的各款。此外還有東三省的問題。庚子年，俄國趁拳亂派兵佔領
全東北三省。《辛丑條約》訂了以後，俄國不肯退出，反向我要求各
種特殊權利。假使中國接受了俄國的要求，東北三省在那個時候就要
名存實亡了。張之洞、袁世凱竭力反對接受俄國的條款，日本、英國、
美國從旁贊助他們。李鴻章主張接受俄國的要求，但是幸而他在辛丑
的冬天死了，不然東北三省就要在他手裏送給俄國了。日本、英國看

見形勢不好，於壬寅（光緒二十八年）年初，締結同盟條約來對付俄國。美國雖未加入，但表示好感。中國當時的輿論亦贊助同盟。京師大學堂（以後的北京大學）的教授上書政府，建議中國加入同盟，變為中日英三國的集團來對付俄國。俄國看見國際情形不利於他，乃與中國訂約，分三期撤退俄國在東三省的軍隊。條約雖簽字了，俄國以後又中途變計。日本乃出來與俄國交涉。光緒三十年（一九〇四年）兩國交涉失敗，就在我們的國土上打起仗來了。

那一次的日俄戰爭，倘若是俄國全勝了，不但我們的東三省，連高麗都要變為俄國的勢力範圍；倘若日本徹底的打勝了俄國，那高麗和東北就要變成日本的範圍，中國左右是得不了便宜的。幸而事實上日本只局部的打勝了，結果兩國講和的條約仍承認中國在東北的主

辛丑條約簽字現場

1901 年 9 月 7 日，在北京西班牙公使館內，清朝代表李鴻章與英美法德俄等十一國代表簽署了《辛丑條約》。

權，不過劃北滿為俄國鐵路及其他經濟事業的範圍，南滿包括大連、旅順在內，為日本的範圍。這樣，日俄形成對峙之勢，中國得收些漁人之利。

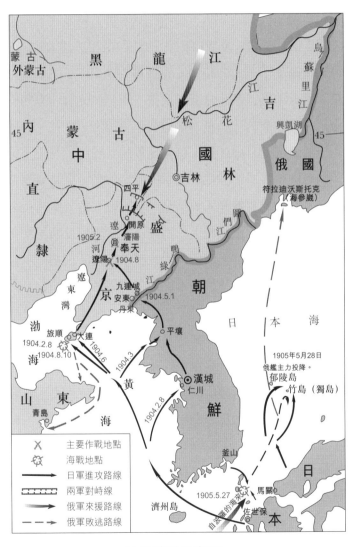

日俄戰爭示意圖

第四節　孫總理提民族復興方案

　　在未述孫中山先生的事業以前，我們試回溯我國近代史的過程。我們說過，我們到了十九世紀遇着空前未有的變局，在十九世紀以前，與我民族競爭的都是文化不及我，基本勢力不及我的外族。到了十九世紀，與我抗衡的是幾個以科學，機械，及民族主義立國的列強。我們在道光間雖受了重大的打擊，我們仍舊不覺悟，不承認國家及民族的危險，因此不圖改革，枉費了民族二十年的光陰。直到受了英法聯軍及太平天國的痛苦，然後有同治初年由奕訢、文祥、曾國藩、李鴻章、左宗棠領導的自強運動。這個運動就是我國近代史上第一個應付大變局的救國救民族的方案。簡單的說，這個方案是要學習運用及製造西洋的軍器來對付西洋人。這是一個不徹底的方案，後來又是不徹底的實行。為甚麼不徹底呢？一則因為提案者對於西洋文化的認識根本有限，二則因為同治光緒年間的政治制度及時代精神不容許自強運動的領袖們前進。同時代的日本採取了同一路線，但是日本的方案比我們的更徹底。日本不但接受了西洋的科學和機械，而且接受了西洋的民族精神及政治制度之一部分。甲午之戰是高度西洋化近代化之日本戰勝了低度西洋化近代化之中國。

　　甲午以後，康有為所領導的變法運動是我國近代史上救國救民第二個方案。這個方案的主旨是要變更政治制度，其最後目的是要改君主立憲，以期民族精神及維新事業得在立憲政體之下充分發揮和推進。變法運動無疑的是比自強運動更加西洋化近代化。康有為雖託孔子之名及皇帝的威嚴去變法，他依舊失敗，因為西太后甘心作頑固勢力的中心。滿清皇室及士大夫階級和民間的頑固勢力本極雄厚，加上西太后的支助，遂成了一種不可抑遏的反潮。嚴格說來，拳匪運動可説是我國近代史上第三個救國救民的方案，不過這個方案是反對西洋化、近代化的，與第一第二兩個方案是背道而馳的。拳匪的慘敗是極自然的。慘敗代價之大足證我民族要圖生存絕不可以開倒車。

　　等到自強、變法、反動都失敗了，國人然後注意孫中山先生所提出的救國救民的方案。這個方案的偉大與中山先生的少年環境是極有關係的。

　　中山先生是廣東香山縣人，生於前清同治五年，西曆一八六六年。他的家庭是我國鄉下貧苦農夫的家庭，他小的時候，就在田莊上幫助父親耕種，十三歲，他隨長兄德彰先生到檀香山。他在那裏進了教會學校。十六歲的時候，他回到廣州入博濟醫學校。次年，他轉入香港英國人所設立的醫學專科。他在這裏讀書共十年，於光緒十八年畢業，成醫學博士。中法戰爭的時候，他正十九歲，所受刺激很大。他在學校所結納的朋友，如鄭士良、陳少白、陸皓東等多與秘密反對滿清的會黨有關。所以在這個時候，他已有了革命的思想。

　　中山先生的青年生活有幾點值得特別注意。第一，他與外人接觸最早，十三歲就出國了。他所入的學校全是外國人所設立的學校。他對西洋情形及近代文化的認識遠在李鴻章、康有為諸人之上。這是我民族一種大幸事，因為我們既然只能從近代化找出路，我們的領袖人物應該對近代文化有正確深刻的認識。第二，中山先生的教育是科學的教育，而且是長期的。科學的思想方法是近代文化的至寶。但是這種方法不是一兩個月的訓練班或速成學校所能培養的。倘不了解這一點，我們就不能了解為甚麼中山先生所擬的救國方案能超越別人所提的方案。中山先生的一切方案是具體的、精密的、有步驟的、方方面面都顧到的，因為他的思想是受過長期科學訓練的。

　　光緒十年的中法之戰給了中山先生很大的刺激。光緒二十年的中日之戰所給的刺激更大。此後他完全放棄行醫，專門從事政治。次年，他想襲取廣州以為革命的根據地。不幸事洩失敗他逃到國外。在檀香山的時候，他組織了興中會。當時風氣未開，清廷監視很嚴，所以興中會的宣言不提革命，只說政府腐敗，國家危急，愛國志士應該聯合起來以圖國家的富強。宣言雖是這樣的和平，海外僑胞加入興中會的還是很少。中山先生從檀香山到美國、英國，一面鼓吹革命，一面考察英美的政治。在英國的時候，使館職員誘他入館，秘密的把他拘禁起來，想運送回國。幸而得着他的學校教師的援助終得出險，後又赴法。這是中山先生初次在海外逃難的時期，也是他的革命的三民主義初熟的時期。

庚子拳匪作亂的時候，鄭士良及史堅如兩同志奉中山先生的命令想在廣東起事，不幸都失敗了。但是庚子年的大悲劇搖動了許多人對滿清的信念。留學生到日本去的也大大的加增。從此中山先生的宣傳容易的多，信徒加增也很快。日本朋友也有贊助的。到了甲辰年（光

孫中山在底特律與同盟會會員合影

《民報》書影

緒三十年，西曆一九〇四年），他在日本組織同盟會，並創辦《民報》。這是我民族初次公開的革命團體。《同盟會宣言》及《民報發刊詞》是中山先生初次公開的正式的以革命領袖的資格，向全世界發表他的救國救民族的方案。甲辰以後，中山先生尚有二十年的革命工作，對他所擬的方案尚有不少的補充，但他終身所信奉的主義及方略的大綱已在《同盟會宣言》和《民報發刊詞》裏面立定基礎了。

《民報發刊詞》說明了三民主義的歷史必然性。歐洲羅馬帝國滅亡以後，各民族割據其地，慢慢的各養成其各別的語言、文字、風俗、法制。到了近代，各民族遂成了民族國家。但在各國之內王室專制，平民沒有參政之權，以致民眾受壓迫的痛苦。十八世紀末年，十九世紀初年，歐人乃舉行民權的革命。在十九世紀，西洋人雖已實行民族主義和民權主義，但社會仍不安。這是因為歐美在十九世紀科學發達，工業進步，社會貧富不均。中國應在工業初起的時候，防患未然，利用科學和工業為全民謀幸福，這就是民生主義，中山先生很激昂的說：

> 夫歐美社會之禍，伏之數十年，及今而後發見之，又不能使之遽去。吾國治民生主義者，發達最先，睹其禍害於未萌。誠可舉政治革命社會革命，畢其功於一役，還視歐美，彼且瞠乎後也。

這是中山先生的愛國熱忱和科學訓練所創作的救國方案。其思想的偉大是古今無比的。

但是民族主義和民權主義在西洋尚且未實現，以落伍的中國，外受強鄰的壓迫、內部又滿佈封建的思想，何能同時推行三民主義呢？這豈不是偏於理想嗎？有許多人直到現在還這樣的批評中山先生。三十三年以前，當同盟會初組織的時候，就是加盟者大部分也陽奉陰違，口信心不信。反對同盟會的人更加不必說了。他們並不否認三民主義的偉大，他們所猶豫的是三民主義實行的困難。其實中山先生充分的顧到了這層困難。他的革命方略就是他實行三民主義的步驟。同盟會的宣言的下半說明革命應分軍法、約法、憲法三時期，就是以後所謂軍政、訓政、憲政三階段。一般淺識的人承認軍政、憲政之自然，但不了解訓政階段是必要的，萬不能免的。中山先生說過：

> 由軍政時期一蹴而至憲政時期，絕不予革命政府以訓練人民之時期，又絕不予人民以養成自治能力之時間，於是第一流弊在舊污未由蕩滌，新治未由進行；第二流弊在粉飾舊污以為新治；第三流弊在發揚舊民，壓抑新治。更端言之，即第一，民治不能實現；第二，為假民治之名行專制之實；第三，則並民治之名而去之矣。此所謂事有必至，理有固然者。

當時在日本與同盟會的《民報》抗爭者是君主立憲派的梁啟超所主持的《新民叢報》。梁啟超是康有為的門徒，愛國而博學。他反對打倒滿清，反對共和政體。他要維持清室而行君主立憲。所以他在《新民叢報》裏再三發表文章攻擊中山先生的民族主義和民權主義。他說中國人民程度不夠，不能行共和制。如行共和必引起多年的內亂和軍閥的割據。他常引中國歷史為證：中國每換一次朝代必有長期的內亂。梁啟超說，在閉關自守時代，長期的內亂尚不一定要亡國。現在列強虎視，一不小心，我們就可招亡國之禍。民國以來的事實似乎證明了梁啟超的學說是對的。其實民國以來的困難都是由於國人不明了因而不接受訓政。

孫中山先生的三民主義和革命方略無疑的是我民族惟一復興的路徑。我們不可一誤再誤了。

第五節　民族掃除復興的障礙

　　庚子拳匪之亂以後，全體人民感覺滿清是我民族復興的一種障礙，這種觀察是很有根據的。甲午以前，因為西太后要重修頤和園，我國海軍有八年之久，不能添造新的軍艦。甲午以後，一則因為西太后與光緒帝爭權，二則因為滿清的親貴以為維新就是漢人得勢，滿人失權，西太后和親貴就煽動全國的一切反動勢力來打倒新政。我們固不能說，滿人都是守舊的，漢人都是維新的，因為漢人之中，思想腐舊的，也大有人在。事實上，滿人居領袖地位，他們一言一動的影響大，而他們中間守舊的成分實在居大多數。並且他們反對維新，就是藉以排漢，所以庚子以後，滿清雖逐漸推行新政，漢人始終不信服他們，不認為他們是有誠意的。

　　庚子年的冬天，西太后尚在西安的時候，她就下詔變法。以後在辛丑到甲辰那四年內，她裁汰了好幾個無用的衙門，廢科舉，設學校，練新兵，派學生出洋，許滿漢通婚。戊戌年康有為要輔助光緒帝行的新政，這時西太后都行了，而且超過了。日本勝了俄國以後，時人都覺得君主立憲戰勝了君主專制。於是在乙巳年（一九〇五年）的夏天，西太后派載澤等五大臣出洋考察各國憲法，表示要預備立憲。丙午、丁未、戊申三年成了官制及法制的大調整時期。

　　丙午（一九〇六年）九月，釐定中央官制。前清中央主要的機關有內閣、軍機處、六部、九卿。所謂九卿，多半是無用的衙門。六部採用委員制，每部有滿漢尚書各一，滿漢侍郎各二，共六人主政，責任不專，遇事推諉，並且自道、咸以後，各省督撫權大，六部成了審核機關，本身幾全不舉辦事務。軍機處是前清中央政府最得力的機關，原是內閣分出來的一個委員會，實際輔佐皇帝處理大政的。自軍機處在雍正年間成立以後，內閣變成一種裝飾品。丙午年的改革，保存了軍機處，此外設立十一部，每部以一個尚書為最高長官。這種改革雖不圓滿，比舊制實在是好多了。但十一名尚書發表以後，漢人只佔五人，比以前六部滿漢各一的比例還差了。所以這種改革，不但未和緩漢人的不平，反加增了革命運動的力量。

丁未年（一九○七年）滿清決定設資政院於北京，作為中央的民意機關，設諮議局於各省，作為地方的民意機關。戊申年，滿清頒佈憲法大綱並規定九年為預備立憲時期。如果真要立憲，九年的預備實在還不夠，但是因為當時國人對滿清全不信任，故反對九年的預備，說滿清不過藉預備之名以擱置立憲。

滿清在這幾年之內，不但藉改革以收漢人的政權，並且鐵良和良弼想盡了法子把袁世凱的北洋兵權也奪了。等到戊申的秋天，宣統繼位，其父載灃作攝政王的時候，第一條命令是罷免袁世凱。此時漢人之中尚忠於清廷而又有政治手腕者，袁世凱要算是第一，載灃還要得罪他，這不是滿清自取滅亡嗎？

同盟會和其他革命志士看清了滿人的把戲，積極的圖以武力推倒滿清的政權。丙午年，同盟會的會員蔡紹南、劉道一聯合湖南和江西

晚清新政後設立的巡警
晚清推行新政，於 1905 年仿效西方警察制度，設立巡警部。巡警皆穿制服、佩刀。

交界的秘密會黨在瀏陽和萍鄉起事。他們的宣言明說他們的目的是要打倒滿清，建立民國，平均地權。這是同盟會成立以後第一次的革命，也是三民主義初次充當革命的目標。不幸失敗了。同時還有許多革命黨員秘密的在武昌及南京的新軍之中運動革命，清廷簡直是防不勝防。

這時日本政府應滿清的請求，強迫孫中山先生離開日本。中山先生乃領導胡漢民、汪精衛等到安南（註：越南），在河內成立革命中心。他們在丁未年好幾次在潮州、惠州、欽州、廉州及鎮南關各處起事，戊申年又在河口起事，均歸失敗。同時江浙人所組織的光復會也積極活動，丁未年五月光復會首領徐錫麟殺安徽巡撫恩銘，此事牽連了他的同志秋瑾，兩人終皆遇害。戊申年十月，熊成基帶安徽新軍一部分突破安慶。他雖失敗了，他的行動表示長江一帶的新軍已受了革命思想的影響。

丁未、戊申兩年既受了這許多的挫折，同盟會的多數領袖主張革命策略應該變更。胡漢民當時說過："此後非特暗殺之事不可行，即零星散碎不足制彼虜死命之革命軍，亦斷不可起。"汪精衛反對此說，他相信革命志士固應有恒德，"擔負重任，積勞怨於一躬，百折不撓，以行其志"；但是有些應該有烈德，"猛向前進，一往不返，流血以溉同種。"他和黃復生秘密的進北京，謀刺攝政王載灃。後事不成，被捕下獄。這是庚戌宣統二年的事情。

汪精衛獨行其烈德的時候，中山先生和胡漢民、黃興、趙聲正在南洋向華僑募捐，想大規摸的有計劃的向滿清進攻。這是汪精衛所謂恒德。他們於庚戌年十一月在檳榔嶼定計劃，先佔廣州，然後北伐，"以黃興統一軍出湖南趨湖北，趙聲統一軍出江西趨南京。"定了計劃以後，他們分途歸國。次年，辛亥宣統三年，三月二十九日的黃花崗七十二烈士之役是他們的計劃的實現。軍事上雖失敗了，心理上則

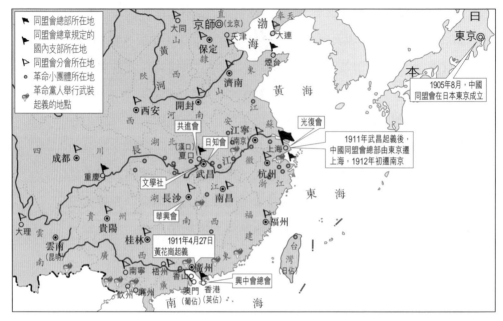

各地革命運動的興起

大成功，因為革命精神從此深入國民的腦際。

　　正在這個時候，清廷宣佈鐵路國有的計劃，給了革命黨人一個很好的宣傳的機會。那時待修的鐵路，以粵漢、川漢兩路為最急迫，困難在資本的缺乏。四川、湖北、湖南諸省的人民乃組織民營鐵路公司，想集民股築路。其實民間的資本不夠，公司的領袖人物也有借公濟私的，所以成績不好，進行很慢。郵傳大臣盛宣懷乃奏請借外債修路，把粵漢、川漢兩路都收歸國有。借外債來建設，本來是一種開明的政策，鐵路國有也是不可非議的，不過盛宣懷的官聲不好，滿清已喪失人心，就是行好政策，人民都不信任。何況民營公司的股東又要損失大利源呢？因以上各種原故，鐵路國有的問題就引起多數人的反對，革命黨又從中煽動，竟成了大革命的導火線。

同盟會的革命策略，本注重廣東，但自黃花崗失敗以後，陳其美、宋教仁、譚人鳳等就想利用長江流域為革命策源地。他們在上海設立同盟會中部總會。譚人鳳特別注重長江中游之兩湖。那時湖北新軍中的蔣翊武組織文學社於武昌，藉以推動革命。在湖南活動的焦達豐及在湖北活動的孫武和居正，另外組織共進會。這兩個團體，雖有同盟會的會員參加，並不是同盟會的支部，而且最初彼此頗有磨擦。經譚人鳳調和以後，共進會和文學社始合作。

同盟會的首領原來想在長江一帶應該有好幾年的預備工作，然後可以起事。但四川、湖北、湖南爭路的風潮擴大以後，他們就決定在辛亥年（宣統三年，一九一一年）秋天起事。發難的日期原定舊曆八月十五日，後因預備不足，改遲十天。卻在八月十八日，革命黨的機關被巡捕破獲，黨人名冊也被搜去。於是倉卒之間定八月十九即陽曆十月十日起事。

辛亥武昌起義的領袖是新軍的下級軍官熊秉坤。他率隊直入武昌，進攻總督衙門。總督瑞澂當即不抵抗出逃，新軍統制張彪也跟他逃，於是武昌文武官吏均棄城逃走。武昌便為革命軍所據。革命分子臨時強迫官階較高，聲望較好的黎元洪作革命軍的都督。

武昌起義以後，一個月之內，湖南、陝西、江西、山西、雲南、安徽、江蘇、貴州、浙江、廣西、福建、廣東、山東十三省相繼宣佈獨立。並且沒有一個地方發生激烈的戰爭。滿清的滅亡，不是革命軍以軍力打倒的，是清朝自己瓦解的。各獨立省選派代表，制定臨時約法，並公舉孫中山先生為中華民國的臨時總統。我們這個老古的帝國，忽然變為民國了。

滿清到了山窮水盡的時候，請袁世凱出來挽回大局。這種臨時抱佛腳的辦法是不會生效的。袁世凱替清室謀得的不過是退位以後的優

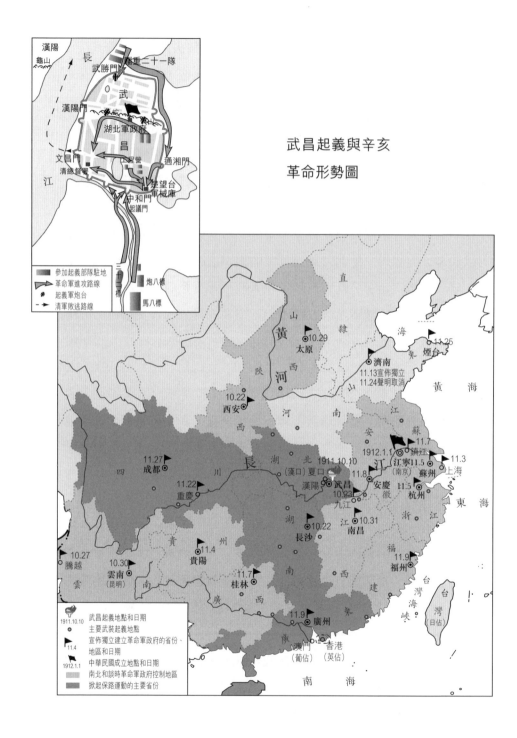

武昌起義與辛亥
革命形勢圖

待條件，為自己卻得了中華民國第一任正式總統的地位。

辛亥革命打倒了滿清，這是革命惟一的成績。滿清打倒了以後，我們固然掃除了一種民族復興的障礙，但是等到我們要建設新國家的時候，我們又與民族內在的各種障礙面對面了。

第六節　軍閥割據十五年

民國元年的民國有民國必須具備的條件嗎？當然沒有。在上了軌道的國家，政黨的爭權絕不使用武力，所以不致引起內戰。軍隊是國家的，不是私人的。軍隊總服從政府，不問主政者是屬於哪一黨派。但是民國初年，在我們這裏，軍權就是政權。辛亥的秋天，滿清請袁世凱出來主持大政，正因為當時全國最精的北洋軍隊是忠於袁世凱的。中山先生在民國元年所以把總統的位置讓給袁世凱，也與這個原故有關。我們以先說過在太平天國以前，我國並沒有私有的軍隊，有之從湘軍起。湘軍的組織和精神傳給了淮軍，淮軍又傳給北洋軍，以致流毒於民國。不過湘軍和淮軍都隨着他們的領袖盡忠於清朝，所以沒有引起內亂。到了民國，沒有皇帝了，北洋軍就轉而盡忠於袁世凱。

為甚麼民國初年的軍隊不盡忠於民國，不擁護民國的憲法呢？我們老百姓的國民程度是很低的。他們當兵原來不是要保衛國家，是要解決個人生計問題的。如不加以訓練，他們不知道大忠，那就是忠於國家和忠於主義；只知道小忠，忠於給他們衣食的官長，和忠於他們同鄉或同族的領袖。野心家知道我國人民鄉族觀念之深，從而利用之以達到他們的割據企圖。

北洋軍搭設浮橋渡過漢水，圍攻漢陽。

北洋軍是當時清軍的主力，由袁世凱精心訓練而成，裝備先進，作戰能力很強，但這支軍隊僅聽命於袁世凱，成了他奪取政權的最大資本。袁死後，北洋軍將領遂成為割據的軍閥。

　　工商界及學界的人何以不起來反對軍閥呢？他們在專制政體下作了幾千年的順民，不知道甚麼是民權，忽然要他們起來作國家的主人翁，好像一個不會游水的人，要在海洋的大波濤之中去游泳，勢非淹死不可；知識階級的人好像應該能作新國民的模範，其實也不盡然。第一，他們的知識都偏於文字方面。古書愈讀的多，思想就愈腐舊，愈糊塗。留學生分散到各國各校各學派，回國以後，他們把萬國的學說都帶回來了，五花八門，彼此爭辯，於是軍閥的割據之上又加了思想的分裂。第二，中國的讀書人，素以作官為惟一的出路。民國以來，他們中間有不少的人惟恐天下不亂，因為小朝廷愈多，他們作官的機會就愈多。所以知識階級不但不能制止軍閥，有的時候反助桀為虐。

　　那麼，我們在民國初年絕對沒有方法引國家上軌道嗎？有的，就

孫中山等人謁明孝陵

1912 年 2 月 15 日，清帝退位後三天，孫中山一身戎裝，率南京臨時政府官員謁明孝陵，祭祀明太祖朱元璋。"驅除韃虜，恢復中華"曾為同盟會最初政綱之一，帶有明確的排滿色彩，但很快就被孫中山改為"五族共和"、"民族主義"。

是孫中山先生的建國方略和三民主義。中山先生早已知道滿清不是中國復興惟一的障礙。其他如國民程度之低劣，國民經濟之困難，軍隊之缺乏主義認識，這些他都顧慮到了。所以他把建國的程序分為軍政、訓政、憲政三個時期，但是時人不信他，因為他們不了解他的思想。他們以為滿清是我們惟一的障礙，滿清掃除了，中國就可以從幾千年的專制一躍而達到憲政。這樣，他們正替軍閥開了方便之門。這就是古人所謂"欲速則不達"。在民國初年，不但一般人不了解中山先生的思想，即同盟會的會員，了解的也很少。中山先生並沒有健全的革命黨作他的後盾。至於革命軍更談不到。當時軍隊的政治認識僅限於排滿一點，此外都是些封建思想和習慣，只夠作反動者的工具。中山先生既然沒有健全的革命黨和健全的革命軍幫他推動他的救國救民族的方案，他就毅然決然讓位與袁世凱，一方面希望袁世凱能不為大惡，同時他自己以在野的資格，努力造黨和建設。

假使我民族不是遇着帝國主義壓迫的空前大難關，以一個曹操、司馬懿之流的袁世凱當國主，樹立一個新朝代，那我們也可馬虎下去了。但是我們在二十世紀所須要的，是一個認識新時代而又能領導我們向近代化那條路走的偉大領袖。袁世凱絕不是個這樣的人。他不過是我國舊環境產生的一個超等的大政客。在他的任內，他借了一批大外債，用暗殺的手段除了他的大政敵宋教仁，擴充了北洋軍隊的勢力，與日本訂了民國四年的條約，最後聽了一群小人的話，幻想稱帝。等到他於民國五年六月六日死的時候，他沒有做一件於國有益，於己有光的事情。

袁死了以後，靠利祿結合的北洋軍隊當然四分五裂了。大小軍閥，遍地皆是。他們混打了十年。他們都是些小袁世凱。到了民國十五年的夏季，中國的政治地圖分割到甚麼樣子呢？第一，東北四省和河北、山東屬於北洋軍閥奉系的巨頭張作霖。他在北京自稱大元帥，算是中華民國的元首。第二，長江下游的江、浙、皖、閩、贛五省是北洋軍閥直系孫傳芳的勢力範圍。孫氏原來是吳佩孚的部下，不過到了民國十五年，孫氏已羽翼豐滿，不再居吳佩孚之下了。第三，湖北同河南仍屬

穿着晚清陸軍上
將軍服的袁世凱

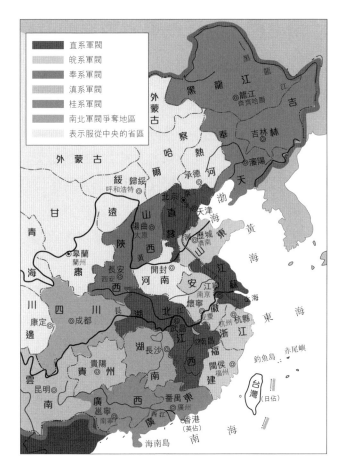

軍閥割據形勢示意圖

於直系巨頭曾擁戴曹錕為總統的吳佩孚。第四，山西仍屬於北洋之附
庸而保持獨立而專事地方建設之閻錫山。第五，西北算是吳佩孚的舊
部下而傾向革命之馮玉祥的勢力範圍。第六，西南的四川、雲南、貴
州，屬於一群內不能統一，外不能左右大局的軍閥。第七，廣東、廣
西、湖南三省是革命軍的策源地。從元年到十五年，我們這個國家的
演化達到了這種田地。

第七節　蔣總裁貫徹總理的遺教

民國十五年七月九日，國民革命軍總司令蔣中正誓師北伐，並下總動員令。這是中華民國歷史上的大分水界。前此我們雖有革命志士，但沒有健全的，有紀律的，篤信主義的政黨；前此我們雖有軍隊參加革命，但沒有革命軍。此後就大不同了。我們如要了解民國十五年北伐誓師為甚麼是個劃時代的史實，我們必須補述孫中山先生末年的奮鬥。

我們已經說過，中山先生在辛亥革命以前宣佈了他的革命方略，分革命的過程為軍政、訓政、憲政三個階段。用不着說，軍政是一個信服三民主義的革命軍對封建勢力的掃蕩和肅清，訓政是一個信服三民主義的革命黨猛進的締造憲政所必須的物質及精神條件。民國初年，這樣的革命軍和革命黨都不存在，軍閥得乘機而起，陷民國於長期的內亂，人民所受的痛苦，反過於在滿清專制之下所受的。中山先生於是更信他的革命方略是對的。民國三年，他制定革命黨黨章的時候，他把一黨專政及服從黨魁的精神大大的加強。民國七年，俄國革命，雖遇着國內國外反動勢力的夾攻，終成功了。中山先生考察俄國革命黨的組織，發現其根本綱領竟與他多年所提倡的大同小異。原來俄國也是個政治經濟落後的國家，俄國的問題也是火速的近代化。在十九世紀，俄國沒有趕上時代的潮流，因此在上次的歐洲大戰，俄國以二十倍德國的領土，兩倍德國的人口，尚不能對付德國二分之一的武力。俄國的革命方略，在這種狀況之下當然可供我們的參考。難怪中山先生雖知道中山主義與列寧主義有大不同之點，早就承認列寧是他的同志。

在蘇聯革命的初年，為抵抗帝國主義起見，列寧亦樂與我們攜

北伐誓師

1926 年 7 月 9 日，國民革命軍總司令蔣介石在廣州東校場主持北伐誓師大會，開啟了北伐戰爭的序幕。經過兩年征戰，中國基本實現了統一。

手。民國十二年正月二十六日，中山先生與列寧的代表越飛（Joffe）共同發表宣言，聲明兩國在各行其主義的條件之下，共同合作。十二年夏，中山先生派蔣介石同志赴俄，考察紅軍和共產黨的組織。是年冬，蘇聯派遣鮑羅廷來華作顧問。十三年初，中山先生召開全國代表大會於廣州，徹底的改組國民黨，並決定聯俄容共。同時蔣介石同志從俄回國。中山先生就請他創辦黃埔軍官學校。中山先生對黃埔軍校是抱無窮希望的。在開學的那一天，中山先生說過：

> 今天開這個學校的希望，就是要從今天起，把革命的事業，重新創造，要這學校的學生來做根本，成立革命軍。諸位學生，就是將來革命軍的骨幹。

十四年是革命策源地的兩廣的大調整時期。陳炯明勾結楊希閔、

120

劉震寰以圖消滅新起的革命勢力。於是有兩次的東征，然後廣東得以
肅清。同時革命政府協助了李宗仁、黃紹竑肅清廣西。

　　不幸在這年的春天，三月十二日，中山先生在北平逝世了。革命
的重擔大部分從此就遺到蔣介石同志的身上了。

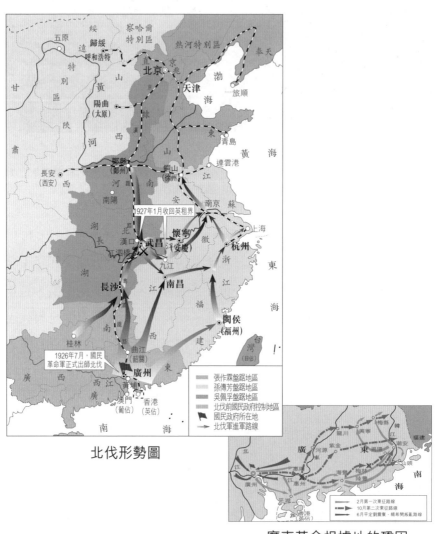

北伐形勢圖

廣東革命根據地的鞏固

中華民國全圖

註：青海辦事長官駐西寧

　　從十五年七月九日起的北伐，到二十六年七月七日的抗日戰爭，蔣先生的事業是讀者們所熟知的，我們可以不必細說。但是有三個重要方面我們不能不注意。

　　第一，現任國民黨總裁的蔣先生在最近十餘年之內的事業一貫的以中山先生遺教為本。他認定偏左的共產主義和偏右的軍閥都是誤國的。他所領導的政軍始終不離開三民主義。最初誤會的人很不少，慢慢的他們認識了他的政策，由認識而生敬仰，終則一致的擁護。所以抗戰以來，國人不分黨派區域均團結於他的領導之下，一致抗戰。

　　第二，近年蔣先生鞭策全國向近代化這條大路上邁進。鐵路的加修，全國公路網的完成，航空線的設立，無線電網的佈置，義務教育的提倡，科學及工程教育的獎進，及國防的近代化，都是近幾年的大成績。抗戰以前全世界無不承認我民族已踏上復興之路。日本的軍閥看清了這一點，所以決計向我們大舉進攻。

　　第三，九一八以來，國人有些為感情所衝動要求中央早戰，有些反動分子另懷陰謀，以為向日抗戰，就能消滅中央勢力，於是假藉愛國之美名，鼓動早戰。蔣先生為民族計忍受國人的非議和敵人的無禮，絕不輕言戰，亦絕不放鬆民族近代化之推進。我們能從九一八到七七得着七年寶貝光陰的建設，這是蔣先生深謀遠見的結果。

　　目前的困難是一切民族在建國的過程中所不能避免的。只要我們能追隨蔣先生，謹守中山先生的遺教，我們必能找到光明的出路。

（編者案：本書依照本館 1938 年版本印行，作者在特定的歷史時期寫作，囿於時代局限，著述中存在着舊時偏見，行文中使用了當時稱謂，為保留歷史文獻的真實性，一仍其舊文，在閱讀時請甄別、分析、批判。）

附 編

一、琦善與鴉片戰爭

　　鴉片戰爭的終止之日，當然就是道光二十二年七月二十四日，中、英兩國代表簽訂《南京條約》之日。至於起始之日為何日，則不易定。因為中、英雙方均未發表宣戰正式公文，並且忽戰忽和，或戰於此處而和於彼處。此種畸形的原由大概有二：一則彼時中國不明國際公法及國際關係的慣例。不但不明，簡直不承認有所謂國際者存在。中、英的戰爭，在中國方面不過是"剿夷"、"討逆"。就此一點，我們就能窺測當時國人的心理和世界知識。第二個原由是彼時中、英兩國均未預抱一個必戰之心。中國當初的目的全在禁煙。宣宗屢次的上諭明言不可輕啟邊釁。在道光十八年各省疆吏復議黃爵滋嚴禁鴉片的奏摺之時，激烈派與和緩派同等的無一人預料禁煙會引起戰爭。不過激烈派以為，倘因達到禁煙目的而必須用兵以迫"外夷順服"則亦所不惜。在英國方面，自從律勞卑（Lord Napier）以商業監督（Superintendent of Trade）的資格於道光十四年來華而遭拒絕後，英政府的態度就趨消極。繼任的監督雖屢次請訓，政府置之不理。原來英國在華的目的全在通商，作買賣者不分中外古今，均盼時局的安定。我們敢斷定：鴉片戰爭以前，英國全無處心積慮以謀中國的事情。英政府的行動就是我們所謂"將就了事，敷衍過去"，英文所謂"Muddle along"。英國政府及人民固然重視在華的商業，而且為通商，中、英已起了好幾次的衝突，不過英國人的守舊性重，不好紛事更張，因為恐怕愈改愈壞。及林則徐於道光十九年春禁錮英商與英領以迫其繳煙的信息傳到英京之時，適當巴麥尊爵士（Lord Palmerston）主持英國的外交，此人是以倡積極政策而在當時負盛名的。他即派遣艦隊來華，但仍抱一線和平的希望，且英國贊成和平者亦大有人在。倘和議不成而必出於一戰，巴麥尊亦所不惜。故鴉片戰爭的發生，非中、英兩國所預料，更非兩國所預謀。戰爭雖非偶然的，無歷史背景的，然初不過因禁煙而起衝突，繼則因衝突而起報復（Reprisal），終乃流為戰爭。

　　鴉片戰爭，當做一段國際史看，雖是如此畸形混沌，然單就中國一方面研究，則顯可分為三期。第一期是林則徐主政時期，起自道光十九年正月二十五日，即林以欽差大臣的資格行抵廣東之日。第二期是琦善主政時期，起自道光二十年七月十四日，即琦善與英國全權代表懿律（Admirlal George Elliot）及義律（Captain Charles Elliot）在大沽起始交涉之日。第三期是宣宗親自主政時期，起自道光二十一年二月六日，即琦善革職拿問之日，而止於二十二年七月二十四日的《南京條約》。在專制政體之下，最後決斷權依法律當然屬於皇帝，然事實上常常有大臣得君主的信任，言聽計從。此地所謂林則徐及琦善主政時期即本此意而言。緣此，林的革職雖在二十年九月八日，然自七月中以後，宣宗所信任的已非林而為琦善，故琦善主政時期實起自七月中。自琦善革職以後，直到英兵破鎮江，宣宗一意主戰，所用人員如奕山、奕經、裕謙、牛鑑等不過遵旨力行而已。雖有違旨者，然皆實違而名遵，故第三期稱為宣宗主政時期，似不為無當。

　　三期中，第一期與第三期為時約相等，各佔一年半。第二期——琦善主政時期——為最短，半年零數日而已。在第一期內，嚴格說，實無外交可言。因為林則徐的目的在禁煙，而禁煙林視為內政——本係內政，不必事先與外人交涉，所採步驟亦無需外人的同意。中、英往來文件，在林方面，只有"諭示"；在英領義律方面，迫於時勢，亦間"具稟"。此時義律既未得政府訓令，又無充分的武力後援，他的交涉不過圖臨時的相安，他的軍事行動不過報復及保護在華英人的生命和財產。到第三期，更無外交可言。雙方均認交涉無望，一意決戰。後來英兵抵南京，中國於是屈服。在此三年半內，惟獨琦善主政的半年曾有過外交相對的局勢。在此期之初，英國全權代表雖手握重兵，然英政府的訓令是叫他們先交涉而後戰爭，而二代表亦以速和以復商業為上策。訓令所載的要求雖頗詳細，然非完全確定，尚有相當伸縮的可能。在中國一方面，琦善的態度是外交家的態度。他的奏摺內，雖有"諭英夷"、"英夷不遵勸戒"字樣，但他與英人移文往來，亦知用"貴國"、"貴統帥"的稱呼。且他與英人面議的時候，完全以平等相待。至於他的目的，更不待言，是圖以交涉了案。故琦善可說是中國近九十年大變局中的第一任外交總長。

這個第一任外交總長的名譽，在當時，在後代，就是個"奸臣"和"賣國賊"的名譽。不幸，琦善在廣東除任交涉以外，且署理兩廣總督，有節制水陸軍的權力和責任。攻擊他的有些注重他的外交，有些注意他的軍事。那麼，琦善外交的出發點就是他的軍事觀念，所以我們先研究琦善與鴉片戰爭的軍事關係。

道光二十二年二月初間虎門失守以後，欽差大臣江蘇巡撫裕謙上了一封彈劾琦善的奏摺。他說："乃聞琦善到粵後，散遣壯勇，不啻為淵驅魚，以致轉為該夷勾去，遂有大角、沙角之陷。"裕靖節是主戰派首領之一，也是疆吏中最露頭角的人。他攻擊琦善的意思不外林則徐督粵的時候，編收本省壯丁為團勇，琦善到粵則反林所為而遣散之。這班被撤壯丁就變為"漢奸"，英人反得收為己用。此說的虛實姑不討論，倘中國人民不為中國打外國，就必反助外國打中國，民心亦可見一斑了。

靖節的奏摺上了不滿二月，御史駱秉章又上了一封，措辭更激烈：

“竊惟逆夷在粵滋擾幾及一年。前督臣琦善到粵查辦，將招集之水勇、防備之守具全行撤去。迨大角、沙角失事，提鎮專弁赴省求援，僅發兵數百名，遣之夜渡，惟恐逆夷知覺，以致提督關天培、總兵李廷鈺在炮台遙望而泣。”這樣説來，琦善的罪更大，除遣散壯勇之外，還有撤防具、陷忠臣的大罪。駱文忠原籍廣東花縣，摺內所言大概得自同鄉。他為人頗正直，道光二十一年以前，因查庫不受賄已得盛名。故所發言詞，不但足以左右當時的清議，且值得我們今日的研究。

　　此類的參奏不必盡引，因為所説的皆大同小異。但道光二十一年六月，王大臣等會審的判詞是當時政府最後的評定，也是反琦善派的最後勝利，不能不引。“此案琦善以欽差大臣查辦廣東夷務，宜如何慎重周詳，計出萬全。該夷既不遵照曉諭，辦理已形猖獗，即當奏請調兵迅速剿除。乃妄冀羈縻，暫以香港地方許給，俾得有所藉口。於一切防守事宜並不預為設備，以致該夷疊將炮台攻陷，要隘失守，實屬有誤機宜。自應按律問擬。琦善合依守備不設失陷城塞者斬監候律，擬斬監候，秋後處決。”這個判詞實代表當時的清議。所可注意者，政府雖多方搜羅琦善受賄的證據，判詞內無受賄的罪名。

　　但是當時的人不明瞭琦善為甚麼要“開門揖盜”，以為必是受了英人的賄賂。戰爭的時候，左宗棠——同、光時代的恪靖侯左宗棠——正在湖南安化陶文毅家授課。道光二十一年，他致其師賀蔗農的信有一段極動人的文章：“去冬果勇楊侯奉詔北行。有人自侯所來云：‘侯言琦善得西人金巨萬，遂堅主和議。將恐國計遂壞伊手。’昨見林制府謝罪疏，末云‘並恐彼族別生秘計’云云，是殆指此。誠如是，其愚亦大可哀矣。照壁之詩及渠欲即斬生夷滅口各節，情狀昭著。炮台失陷時，渠馳疏謂二炮台孤懸海外，粵東武備懈弛，寡不敵眾，且云彼族火器為向來所未見，此次以後，軍情益餒。無非欺君罔上，以和要主。張賊勢而慢軍心，見之令人切齒。"左的信息得自"自侯所來"者。果勇侯楊芳原任湖南提督，於道光二十一年正月八日放參贊大臣，馳驛前往廣東剿拴逆夷。他於正月二十一日接到了這道上諭，二月十三日行抵廣東省城。他在起程赴任之初即奏云："現在大局或須一面收復定海，一面准其於偏岸小港屯集貨物。"換言之，浙江應與英人戰，廣東則應與英人通商以求和。自然宣宗以為不妥。抵廣東後他就報告："預備分段援應，共保無虞。"但是他所帶的湖南兵為害於英人者少，為害於沿途及廣東人民者反多。三月初，果勇侯又有"佈置攻守機宜"的奏摺，說："城廂內外民心大定，遷者漸復，閉者漸開，軍民鼓勇，可期無慮。"宣宗當然欣悅之至："客兵不滿三千，危城立保無虞。若非朕之參贊大臣果勇侯楊芳，其孰能之？可嘉之處，筆難宣述。功成之日，佇膺懋賞。此卿之第一功也。厥後尤當奮勉。"後來的奮勉或者有之，至於第二功則無可報了。雖然，敗仗仍可報勝仗，自己求和仍可報外夷"懇求皇帝施恩，准予止戰通商。"皇帝遠在北京，何從知道？這就是楊芳日後顧全面子的方法。左宗棠的信息既間接得自果勇侯，就不足信；何況果勇侯傳出這信息的時候，既在途中，亦必間接得自自廣州來者？至於琦善"欲即斬生夷滅口"之說，遍查中外在場人員的記載均未發現。獨在湖南安化鄉中教書的左先生知有其事，且認為"情狀昭著"，豈不是甚奇了！

同時廣東的按察使王庭蘭反說他屢次勸琦善殺義律而琦善不許。他寫給福建道員曾望顏的信述此事甚詳："義律住洋行十餘日。省河中夷船杉板數隻而已，不難擒也。伊亦毫無準備。有時義律乘轎買物，往來於市廛間。此時如遣敢死之士數十人拴之，直囊中取物耳。乃屢次進言於當路，輒以現在講和，未可輕動。是可謂宋襄仁義之師矣。"琦善倘得了"西人金巨萬"，授之者必是義律；"欲即斬生夷滅口"，

莫若斬義律。琦善反欲效"宋襄仁義之師"，豈不更奇了！王庭蘭的
這封信又形容了琦善如何節節後退："賊到門而門不關，可乎？開門
揖盜，百喙難辭。"王庭蘭既是廣東的按察使，他的信既由閩浙總督
顏伯燾送呈御覽，好像應該是最好的史料。不幸琦善在廣東的時候，
義律不但未"住洋行十餘日"，簡直沒有入廣州。這封信在顯明的事
實上有此大錯，其史料的價值可想而知了。

　　琦善倘若撤了廣州的防具，撤防的原動力不是英國的賄賂，這是
我們可斷定的。但是到底琦善撤了防沒有？這是當時及後來攻擊琦善
的共同點，也是琦善與鴉片戰爭的軍事關係之中心問題。道光二十年
的秋末冬初——宣宗最信任琦善的時候——撤防誠有其事，然撤防
的責任及撤防的程度則大有問題在。

　　宣宗是個極尚節儉的皇帝。林則徐在廣東的時候，大修軍備，但
是宣宗曾未一次許他撥用庫款，林的軍費概來自行商及鹽商的捐款。
二十年六月七日，英軍佔了定海，於是宣宗腳慌手忙地飭令沿海七省
整頓海防。北自奉天，南至廣東，各省調兵、募勇、修炮台、請軍費
的奏摺陸續到了北京，宣宗仍是不願疆吏扣留庫款以作軍費。當時兵
部尚書祁寯藻和刑部右侍郎黃爵滋正在福建查辦事件，他們同閩浙總
督鄧廷楨及福建巡撫吳文鎔會銜，建議浙江、福建、廣東三省應添造
大船六十隻，每隻配大小炮位三四十門。"通計船炮工費約須銀數百
萬兩"。他們說："當此逆夷猖獗之際，思衛民弭患之方，詎可苟且
補苴，致他日轉增靡費。"宣宗不以為然。他以為海防全在平日認真
操練，認真修理，"正不在紛紛添造也"。此是道光二十年七月中的
情形。

　　八月中，琦善報告懿律及義律已自大沽帶船回南，並相約沿途不
相攻擊，靜候新派欽差到廣東與他們交涉。宣宗接了此摺，就下一道

上諭，一面派琦善為欽差大臣，一面教他"將應撤應留各兵分別核辦"。琦善遵旨將大沽的防兵分別撤留了。

九月初四，山東巡撫托渾布的奏摺到了北京，報告英國兵船八隻於八月二十二日路過登州，向南行駛。托渾布買了些牛羊菜蔬"酌量賞給"。因此"夷眾數百人一齊出艙，向岸羅拜，旋即開帆南駛。一時文武官弁及軍吏士民萬目環觀，咸謂夷人如此恭順，實出意料之外。"宣宗以為和議確有把握，於是連下了二道諭旨，一道"着托渾布體察情形，將前調防守各官兵酌量撤退歸伍，以節糜費"；一道寄給盛京將軍耆英、署兩江總督裕謙及廣東巡撫怡良："着詳加酌核，將前調防守各官兵分別應撤應留，妥為辦理。"適同日閩浙總督鄧廷楨奏摺到京，報告從福建調水勇八百名來浙江。宣宗就告訴他，現在已議和，福建的水勇團練應分別撤留，"以節糜費"。是則道光二十年九月初，琦善尚在直隸總督任內，宣宗為"節省糜費"起見，已令沿海七省裁撤軍隊。

琦善於十一月六日始抵廣東。他尚在途中的時候沿海七省的撤防已經實行了。奉天、直隸、山東與戰爭無關係，可不必論。南四省中首先撤防者即江蘇。裕謙於十月三日到京的摺內報告，共撤兵五千一百八十名。並且"各處所僱水陸鄉勇亦即妥為遣散"。十一月十七日的報告說接續又撤了些，"統計撤兵九千一百四十名"。廣東及浙江撤兵的奏摺同於十一月一日到京。怡良說："查虎門內外各隘口兵勇共有萬人。督臣林則徐前次奉到諭旨，當即會同臣將次要口隘各兵陸續撤減兩千餘名。臣復移諮水陸各提鎮，將各路中可以撤減者再為酌核情勢，分別撤減以節糜費。"撤兵的上諭是九月初四發的，罷免林則徐的上諭是九月初八日發的。怡良所說廣東初次撤兵是由林與他二人定奪，此說是可能的。怡良署理總督以後，又擬再撤，但未説明撤多少。伊里布在浙江所撤的兵更多，照他的報告共撤六千八百名，共留鎮海等處防堵者五千四百名。南四省之中，惟福建無撤兵的報告。

總結來説，與鴉片戰爭有關係的四省，除福建不明外，餘三省——江蘇、浙江、廣東——均在琦善未到廣東以前，已遵照皇帝的諭旨實行撤兵。江蘇所撤者最多，浙江次之，廣東最少。廣東在虎門一帶至少撤了兩千兵勇，至多留了八千兵勇。道光二十年秋冬之間，撤防誠有其事，並且是沿海七省共有的，但撤防的責任不能歸諸琦善，更不能歸諸他一人。

琦善未到任以前的撤防雖不能歸咎於他，他到任以後的行動是否"開門揖盜"？二十年十二月和二十一年二月的軍事失敗是由於琦善到任以後的撤防嗎？散漫軍心嗎？陷害忠臣嗎？

琦善初到廣東的時候，中、英已發生軍事衝突，因為中國守炮台的兵士攻擊了義律派進虎門送信而掛白旗的船隻。這不但犯了國際公法，且違了朝廷的諭旨，因為宣宗撤兵的上諭已經明言：除非外人起釁，沿海各處不得開火。琦善本可懲辦，但他的奏摺內不過説："先未迎詢來由，輒行開炮攻打，亦不免失之孟浪。"接連又説："惟現在正值夷兵雲集，諸務未定之時，方將激勵士氣，藉資震懾而壯聲威。若經明白參奏，竊恐寒我將士之心，且益張夷眾桀驁之膽。"同時他一面諭行沿海文武官吏，在未攻擊之先，須詢明來由；"一面仍以夷情叵測，虎門係近省要隘，未便漫無堤防，隨飭委署廣州府知府余保純、副將慶宇、遊擊多隆武等前往該處，妥為密防。"是則琦善不但不願散漫軍心，且思"激勵士氣"；不僅未撤防具，且派員前往虎門"妥為密防"。

十二月初，和議暫趨決裂。琦善"遂酌調肇慶協兵五百名，令其馳赴虎門，並派委潮州鎮總兵李庭鈺帶弁前往幫辦。又酌調督標兵五百名，順德協兵三百名，增城營兵三百名，水師提標後營兵兩百名，水師提標前營兵一百五十名，永靜營兵一百名，撥赴距省六十里之總路口、大濠頭、沙尾、獵德一帶，分別密防。並於大濠頭水口填石沉船，藉以虛張聲勢，俾該夷知我有備。"總共增兵一千九百五十名，不能算多，且廣州第一道防線的虎門只五百名，虎門以內大濠頭諸地反增一千四百餘名。於此，我們就可窺測琦善對軍事的態度及其所處地位的困難。他在大沽與英人交涉的時候，就力言中國萬非英國之敵。到了廣東，他的奏摺講軍備進行者甚少，講廣東軍備不可靠者反多。如在十二月初四的具摺內，他說不但虎門舊有的各炮台佈置不好，"即前督臣鄧廷楨、林則徐所奏鐵鏈，一經大船碰撞，亦即斷折，未足抵禦。蓋緣歷任率皆文臣，筆下雖佳，武備未諳。現在水陸將士中又絕少曾經戰陣之人，即水師提臣關天培亦情面太軟，未足稱為驍將。而奴才才識尤劣，到此未及一月，不但經費無出，且欲製造器械，訓練技藝，遴選人才，處處棘手，緩不濟急。"琦善對軍事既如此悲觀，故不得不和；然和議又難成，不得不有軍備，"藉以虛張聲勢"，"俾該夷知我有備"；且身為總督，倘失地責不容辭。但軍備不但"緩不濟急"，且易招外人之忌，和議更易決裂，故只能"妥為密防"，且只能在虎門內多增軍隊，所以他猶疑不決。結果國內主戰派攻其"開門揖盜"，英人則責其無議和的誠心，不過遷延時日，以便軍備的完竣。他們說："此種軍備進行甚速。" （Were going on with the utmost expedition）英人採先發制人的策略，遂於十二月十五日早晨攻擊大角、沙角兩炮台。

結果中國大失敗。二個炮台均失守；水師船隻幾全覆沒；兵士死者約五百，傷者較少；炮位被奪被毀者共一百七十三尊。英人方面受傷者約四十，死亡者無人。防守大角、沙角約兩千人，英兵登陸來攻者共一千四百六十一人，內白人與印度人約各半。此役中國雖大敗，然兵士死亡之多足證軍心尚未散漫。炮位損失有一百七十三尊，內二十五尊在大角，七十二尊在沙角，餘屬師船，足證防具並未撤。我們還記得：在虎門十台之中，大角、沙角的地位不過次要。道光十五年整理虎門防務的時候，關天培和署理粵督祁填就說過："大角、沙角兩台在大洋之中，東西對峙，惟中隔海面一千數百丈，相距較遠，兩邊炮火不能得力，只可作為信炮望台。"平時沙角防兵只三十名，大角只五十名；二月十五之役，二台共有兵士兩千名，不能算少。至於軍官及兵丁的精神，外人眾口一詞地稱讚。雖然，戰爭不滿二時而炮台已失守，似無稱讚的可能。歐洲的軍士對於敗敵，素尚豪俠，他們的稱讚不能不打折扣。但是我們至少不應說琦善"開門揖盜"。

　　此役以後，琦善主和的心志更堅決，遂於十二月二十七日與義律訂了草約四條。他雖然費盡了心力求朝廷承認草約，宣宗一意拒絕。愈到後來，朝廷催戰的諭旨愈急愈嚴，琦善於無可如何之中，一面交涉，一面進行軍備。他的奏摺內當然有調兵增防的報告，但我們可利用英人的調查以評他的軍備。正月二十三，義律派輪船 Nemesis 到虎門去候簽訂正式條約日期的信息。此船在虎門逗留了四天，看見威遠、鎮遠及橫檔三炮台增加沙袋炮台（Sandbag batteries），並說三台兵士甚多。別的調查的船隻發現穿鼻的後面正建設炮台，武山的後面正填石按樁以塞夾道。二月一日，義律親自到橫檔，查明自 Nemesis 報告以後，又加了十七尊炮。二月二日，英人截留了中國信船一隻，內有當局致關天培的信，囑他從速填塞武山後的交通。於是英人確知琦善已定計決戰，遂於二月五日下第二次的攻擊令。

　　道光二十一年二月五日、六日的戰役是琦善的致命之傷，也是廣東的致命之傷。戰場的中心就是威遠、鎮遠、橫檔三炮台，所謂虎門的天險。劇烈的戰爭在六日的正午，到午後二點，三台全失守。兵士被俘虜者約一千三百名，陣亡者約五百名，提督關天培亦殉難。炮位被奪被毀者，威遠百零七尊，臨時沙袋炮台三十尊，鎮遠四十尊，橫檔百六十一尊，鞏固四十尊。此役的軍心不及十二月十五日，橫檔的官佐開戰之初即下台乘船而逃，且鎖台門以防兵士的出走。然亦有死抗者。失敗的理由不在撤防，因為炮台上的兵實在甚多，炮位亦甚多，而在兵士缺乏訓練及炮的製造與安置不合法。失敗之速則由於關天培忽略了下橫檔。此島在橫檔的南面，鎮遠的西面。關天培以為橫檔及威遠、鎮遠已足以制敵，下橫檔無關緊要，故在道光十五年整理虎門防備的時候就未注意。不料英人於二月五日首先佔領下橫檔，並乘夜安大炮於山頂。中國的策略只圖以台攻船，而二月六日英人實先以台攻台。戰爭的失敗，琦善或須負一部分的責任，但是說他戰前不設備，戰中節節後退，不但與事實相反，且與人情相反。英人 Davis 甚至說琦善的軍備已盡人事天時的可能。時人及以後的歷史當然不信中國反不能與“島夷”敵，他們說中國所以敗，全由宣宗罷免林則徐而用琦善。他們以為林是百戰百勝的主帥，英人畏之，故必去林而後始得逞其志，英人在大沽的交涉不過行反間之計。時人持此論最力者要算裕謙。江上蹇叟（夏燮）根據他的話就下了一段斷語，說：“英人所憾在粵而棄疾於浙者，粵堅而浙瑕也。兵法攻其瑕而堅者亦瑕。觀於天津遞書，林、鄧被議，琦相入粵，虎門撤防，則其視粵也如探囊而取物也。義律本無就撫之心，特藉琦相以破粵東之局。”魏源的論斷比較公允，然亦曰欲行林的激烈政策，“必沿海守臣皆林公而後可，必當軸秉鈞皆林公而後可。”不說“沿海守臣”及“當軸秉鈞”，即全國文武官吏盡是如林則徐，中國亦不能與英國對敵。在九龍及穿鼻與林則徐戰者不過一隻配二十八尊炮的 Volage 及一隻配二十尊炮的 Hyacinth。後與琦善戰者有陸軍三千，兵船二十餘隻，其大如 Wellesley，Blenheim，Melville，皆配七十四尊炮。然而九龍及穿鼻的戰役仍是中國失敗，且虎門失守的時候，林則徐尚在廣州，且有襄辦軍務的責任！英國大軍抵華以後，不即攻粵而先攻定海者，因為英政府以為廣東在中國皇帝的眼光裏不過邊陲之地，勝負無關大局，並不是怕林則徐。當時在粵的外人多主張先攻虎門，惟獨《*Chinese Repository*》月報反對此舉，但亦說：倘開戰，虎門炮台的掃平不過一小時的事而已。至於去林為英國的陰謀，更是無稽之談。英人屢次向中國聲明：林之去留與英國無關係。實則林文忠的被罷是他的終身大幸事，而中國國運的大不幸。林不去，則必戰，戰則必敗，敗則他的聲名或將與葉名琛相等。但林敗則中國會速和，速和則損失可減少，是中國的維新或可提早二十年。鴉片戰爭以後，中國毫無革新運動，主要原因在時人不明失敗的理由。林自信能戰，時人亦信其能戰而無主持軍事的機會，何怪當時國人不服輸！

　　戰爭失敗的結果就是《南京條約》，這是無可疑問的。但戰爭最後的勝負並不決在虎門，而在長江，《南京條約》的簽字距虎門失守尚有一年半的功夫。到了道光二十二年的夏天，英國軍隊連下了吳淞、上海並佔了鎮江，而南京危在旦夕，這時候朝廷始承認英國的條件而與訂約。正像咸豐末年，英、法雖佔了廣州省城，清廷仍不講和；直到聯軍入京然後定盟。琦善在廣東的敗仗遠不如牛鑑在長江的敗仗那樣要緊。

　　總結來說，琦善與鴉片戰爭的軍事關係無可稱讚，亦無可責備。敗是敗了，但致敗的原由不在琦善的撤防，而在當時戰鬥力之遠不及英國。琦善並未撤防或"開門揖盜"，不過他對戰爭是悲觀的。時人説這是他的罪，我們應該承認這是他的超人處。他知道中國不能戰，故努力於外交。那麼，他的外交有時人的通病，也有他的獨到處。現在請論琦善與鴉片戰爭的外交關係。

懿律及義律率艦隊抵大沽的時候，琦善以世襲一等侯、文淵閣大學士任直隸總督。他是滿洲正黃旗人。嘉慶十一年，他初次就外省官職，任河南按察使，後轉江寧布政使，續調任山東、兩江、四川各省的督撫。道光十一年，補直隸總督。鴉片戰爭以前，中國的外交全在廣東，故琦善在官場的年歲雖久，但於外交是絕無經驗的。

道光二十年七月十四，懿律等到了大沽。琦善遵旨派遊擊羅應鰲前往詢問。羅回來報告說：英人"只謂迭遭廣東攻擊，負屈之由無從上達天聽，懇求轉奏。"此種訴屈伸冤的態度是琦善對付英人的出發點，是極關緊要的。這態度當然不是英政府的態度。那麼，誤會是從何來的呢？或者是義律故意採此態度以圖交涉的開始，所謂不顧形式只求實際的辦法。或者是翻譯官馬禮遜未加審慎而用中國官場的文字。或者是琦善的誤會。三種解釋都是可能的，都曾實現過的，但斷斷不是琦善欺君飾詞，因為他以後給英人文書就把他們當做伸冤者對待。琦善一面請旨，一面令英人候至二十日聽回信。十七日諭旨下了，十八日琦善即派千總白含章往英船接收正式公文。

此封公文就是英國外部大臣巴麥尊爵士（Viscount Palmerston）致"大清國皇帝欽命宰相"的照會。此文是鴉片戰爭最緊要的外交文獻，研究此戰者必須細審此照會的原文與譯文。譯者遵照巴麥尊的訓令只求信，不求雅。結果不但不雅，且不甚達。但除一句外，全文的翻譯確極守信。這一句原文是"To demand from the Emperor satisfaction and redress"，譯文變為"求討皇帝昭雪伸冤"。難怪宣宗和琦善把這個外交案當做屬下告狀的訟案辦！

這照會前大半説明英國不滿意中國的地處，後小半講英國的要求。中國禁煙的法子錯了，煙禁的法律久成具文，何得全無聲明忽然加嚴？就是要加嚴，亦當先辦中國的官吏，後辦外人，因為官吏"相助運進，額受規銀任縱。"中國反首先嚴辦外人，寬赦官吏，豈不是"開一眼而鑑外人犯罪，閉一眼不得鑑官憲犯罪乎？"就是要辦外人，亦應分別良莠，不應一概禁錮，"盡絕食物，所傭內地工人，見驅不准相助。"如外人不繳煙土，即"嚇呼使之餓死"。不但英國商人是如此虐待，即"大英國家特委管理領事""亦行強迫凌辱"。這是"褻瀆大英國威儀"。因此層層理由，英國第一要求賠償煙價。第二要求割讓一島或數島，作為英商居住之地，"以免（日後）其身子磨難，而保其貲貨妥當。"第三要求中國政府賠償廣州行商的積欠。第四要求以後中、英官吏平等相待。第五要求賠償戰費及使費。倘中國"不妥善昭雪定事，仍必相戰不息矣。"照會內雖未提及林則徐的名字，只説"某官憲"，中外皆知英國所不滿意的禁煙辦法皆是林的行動。照會的口氣雖是很強硬，但全文的方式實在是控告林的方式。

巴麥尊爵士給懿律及義律的訓令有一段是為他們交涉時留伸縮地步的。他説：倘中國不願割地，那麼可與中國訂通商條約，包括（一）加開通商口岸；（二）在口岸，外人應有居留的自由及生命財產的保護；（三）中國須有公佈的（Publicly known）及一定的（Fixed）海關稅則；（四）英國可派領事來華；（五）治外法權。除治外法權一項，餘皆為國際的慣例，並無不平等的性質，且並不有害於中國。訂商約或割地這二者，中國可擇其一，這點選擇的自由就是當時中國外交的機會，要評斷琦善外交的優劣就在這一點。

琦善接到了巴麥尊的照會，一面轉送北京請旨，一面與懿律約定十天內回答。廷臣如何計議，我們不能知其詳細。計議的結果，就是七月二十四日的二道諭旨。一道説：“大皇帝統馭寰瀛，薄海內外，無不一視同仁。凡外藩之來中國貿易者，稍有冤抑，立即查明懲辦。上年林則徐查禁煙土，未能仰體大公至正之意，以致受人欺蒙，措置失當。茲所求昭雪之冤，大皇帝早有所聞，必當逐細查明，重治其罪。現已派欽差大臣馳至廣東，秉公查辦，定能代伸冤抑。該統帥懿律等着即返棹南還，聽候辦理可也。”此道上諭可説是中國給英國的正式答覆。其他一道是給琦善的詳細訓令。“所求昭雪冤抑一節，自應逐加訪察，處處得實，方足以折其心……俾該夷等咸知天朝大公至正，無稍回護，庶不敢藉口伸冤，狡焉思逞也。”至於割讓海島，“斷不能另闢一境，致壞成規。”所謂“成規”就是一口通商。行商的積欠“亦應自為清理，朝廷何能過問？”換言之，廣東行商所欠英人的債，英人應該向行商追討，何得向朝廷索賠？“倘欲催討煙價，着諭以當日呈繳之煙原係違禁之件，早經眼同燒毀，既已呈繳於前，即不得索價於後。”這種自大的態度何等可笑！英國所要求者一概拒絕，惟圖重治林則徐的罪以了案，這豈不是兒戲！但在當時，這是極自然、極正大的辦法。“薄海內外無不一視同仁”：這豈不是中國傳統的王道？英國既以控告林則徐來，中國即以查辦林則徐回答：這豈不是皇帝“大公至正之意”？

八月二日，琦善即遵旨回答了英國代表。他們不滿意，要求與琦善面議。琦善以“體制攸關”，不應該上英國船，遂請義律登岸。八月初四、初五，他們二人在大沽海岸面議了兩次。義律重申要求，琦善照聖旨答覆，交涉不得要領。最困難的問題是煙價的賠償。八月十八、十九琦善復與懿律移文交涉，他最後所許者，除查辦林則徐外，還有恢復通商及賠煙價的一部分二條。“如能照常恭順，俟欽差大臣到彼查辦，或貴國乞恩通商，據情具奏，仰邀恩准，亦未可定。”“如貴統帥欽遵諭旨，返棹南還，聽欽差大臣馳往辦理，雖明知煙價所值無多，要必能使貴統帥（懿律）有以登覆貴國王，而貴領事（義律）亦可申雪前抑。果如所言，將有利於商賈，有益於兵民，使彼此相安如初，則貴統帥回國時必顏面增光，可稱為貴國王能事之臣矣。”英國代表於是“遵循皇帝的意旨”（In Compliance with the pleasure of the Emperor），開船往廣東，並約定兩國停止軍事行動。

　　英國政府所以教懿律及義律帶兵船來大沽者，就是要他們以武力強迫中國承認英國的要求。懿律等在大沽雖手握重兵，然交涉未達目的即起碇回南，且説回南是遵循中國皇帝的意旨。難怪巴麥尊幾乎氣死了，難怪中國以為“撫夷”成功了。宣宗因此飭令撤防，“以節靡費”。且即罷免林則徐以表示中國的正大。大沽的勝利是琦善得志的階梯，也是他日後失敗的根由。懿律等的舉動不但不利於英國，且不利於中國，因為從此舉動發生了無窮的誤會。但他們也有幾種理由：彼時英兵生病者多，且已到秋初，不宜在華北起始軍事行動。琦善態度和平，倘與林則徐相比，實有天壤之別。他們想在廣東與他交涉，不難成功。他們在大沽不過遷就，並不放棄他們的要求。

　　琦善在大沽除交涉外，同時切實調查了敵人的軍備。他的報告和朝廷改變林則徐的強硬政策當然有密切的關係。英國軍艦的高大，這是顯而易見的。“又各設有大炮，約重七八千斤。炮位之下設有石磨盤，中具機軸，只須轉移磨盤，炮即隨其所向。”此外還有“火焰船”，“內外俱有風輪，中設火池，火乘風起，煙氣上燻，輪盤即激水自轉，無風無潮，順水逆水，皆能飛渡。”當時的人如林則徐所擬破夷之法，琦善以為皆不足恃。倘攻夷船的下層，“夷船出水處所亦經設有炮位，是其意在回擊也。”若欲穿其船底，則外人水兵“能於深五六丈處，持械投入海中，逾時則又跳躍登舟，直至顛頂，是意在抵禦也。”此外還有縱火焚燒的法子，"今則該夷泊船，各自相離數里，不肯銜尾寄碇……是意在卻避延燒也。""泥恒言以圖之，執成法以禦之，或反中其詭計，未必足以決勝。"這是琦善"知彼"的工夫。

對於這樣的強敵，中國足以抵抗嗎？琦善說中國毫無足恃。"該夷所恃者為大炮，其所畏者亦惟大炮。"那麼，中國正缺乏大炮，譬如在"山海關一帶本無存炮，現飭委員等在於報部廢棄炮位內檢得數尊，尚係前明之物，業已蒸洗備用。"華北如此，華南亦難操勝算。"即如江、浙等省所恃為外衛者，原止長江大海。今海道已被該夷游奕，長江又所在可通，是險要已為該夷所據，水師轉不能入海窮追。"假設中國能於一處得勝，英國必轉攻別處；假使我們能於今年得勝，英國必於明年再來。"欲求處處得勝，時時常勝，臣實不免隱存意外之虞。""邊釁一開，兵結莫釋。我皇上日理萬機，更不值加以此等小醜跳梁，時殷宸慮。而頻年防守，亦不免費餉勞師。"這是琦善"知己"的工夫。

外交的元素不外"理"與"勢"。鴉片戰爭的時候，中、英各執其理，各是其是。故中、英的問題，論審勢，論知己知彼的工夫，琦善無疑遠在時人之上。琦善仍是半知半解，但時人簡直是無知無解。所以琦善大聲疾呼主和，而時人斥為媚外，或甚至疑其受英人的賄賂。

不幸，十一月六日琦善到廣東的時候，國內的空氣及中、英間的感情均不利於和議。伊里布在浙江曾要求英國退還定海，英人不允，朝野因之以為英國求和非出於至誠。在英國方面，因中國在浙江搶奪二十多個英國人，且給以不堪的待遇，決戰之心亦復增加。十一月內，浙撫劉韻珂、欽差大臣祁寯藻、黃爵滋、御史蔡家玕相繼上奏，說英人有久據定海的陰謀。朝廷主和的心志為之搖動。同時義律在廣東多年，偏重廣州通商的利益，主張在廣州先決勝負。所以他在廣東的態度，比在大沽強硬多了。中國對他送信的船開了炮，他就派兵船來報復。所以琦善到廣東後的第一次奏稿就說義律的詞氣"較前更加傲慢"。適此時懿律忽稱病，交涉由義律一人負責。琦善莫名其妙，"初六日（委員）接見懿律時，雖其面色稍黃，並無病容，然則何至一日之間遽爾病劇欲回？"那麼此中必有狡計："今懿律猝然而行，或就此間別作隱謀，或其意見與義律另有參差，抑或竟係折回浙江，欲圖佔據，均難逆料。"所以琦善就飛咨伊里布，教他在浙江嚴防英人的襲攻。

這樣的環境絕非議和的環境，但廣東的軍備狀況更使琦善堅持和議。他說廣東"水師營務，微特船不敵夷人之堅，炮不敵夷人之利，而兵丁膽氣怯弱，每遇夷師船少人稀之頃，輒喜貪功；迨見來勢強橫，則皆望而生懼。"他第一步工作當然是聯絡感情和緩空氣。他教水師參將致信懿律："聲明未詢原委，擅先開炮，係由兵丁錯誤，現在嚴查懲辦。"如此衝突免了，而雙方的面子都顧到了。同時他又釋放了叱咖嗊（Vincent Staunton）。此不過在澳門外人的一個教書先生，因至海岸游泳，民人乘機擄之而獻於林則徐以圖賞資，英人已屢求釋放而林不許。琦善此舉雖得罪了林派，尤為英人所感激。空氣為之大變，交涉得以進行。

義律交涉的出發點就是前在大沽所要求的條件：（1）他要求賠償煙價，首先要二千萬元，後減至一千六百萬，又減到一千二百萬。琦善先許三百萬，續加至四百萬，又加至五百萬。這是市場講價式的外交。（2）兵費一條，琦善堅決拒絕，"答以此係伊等自取虛靡。我軍增兵防守，亦曾多費餉銀，又將從何取索？"（3）行商的欠款應由行商賠補。（4）義律允退還定海，但要求在粵、閩、浙沿海地方另給一處。琦善以為萬萬不可。"假以偏隅尺土，恐其結黨成群，建台設炮，久之漸成佔據，貽患將來，不得不先為之慮。且其地亦甚難擇，無論江、浙等處均屬腹地，斷難容留夷人，即福建之廈門一帶，亦與台灣壤地相連，……無要可扼，防守尤難。"（5）中、英官吏平等一節，琦善當即許可。這是十一月二十一以前交涉的經過。十二月初七的上諭不許琦善割尺寸地，賠分毫錢，只教他"乘機攻剿，毋得示弱。"於是全國復積極調兵遣將了。

這道上諭十二月二十左右始到廣東。未到之先，琦善的交涉又有進展。煙價的賠償定六百萬元，分五年交付。交涉的焦點在割地，義律要求香港，琦善堅持不可："即香港亦寬至七八十里，環處眾山之中，可避風濤。如或給予，必致屯兵聚糧，建台設炮。久之必凱覦廣東，流弊不可勝言。"香港即不能得，義律遂要求添開口岸二處。琦善以為"添給貿易碼頭，較之給予地方，似為得體。"他本意願添二處，但為講價計，先只許廈門一處，且只許在船上交易，不許登岸。義律頗討厭這種講價式的交涉，遂以戰爭脅之。琦善雖一面備戰，他的實心在求和。他十二月初四所具的摺求朝廷許添通商口岸。粵東防守如何不可靠，他在摺內又說了一遍："蓋緣歷任率皆文臣，筆下雖佳，武備未諳"；"即前督臣林則徐、鄧廷楨所奏鐵鏈，一經大船碰撞，亦即斷折，未足抵禦。"初六日，義律請他到澳門去面議。他以為"無此體制"，並恐"狼子野心""中懷叵測"，只許移文往來。十四日，義律聲明交涉決裂，定於明日攻擊。琦善的覆信尚未發去，中、英已開始戰爭了。

十二月十五日，大角、沙角失守了，琦善的交涉就讓步。二十七日，遂與義律定了《穿鼻草約》：（1）中國割讓香港與英國，但中國得在香港設關收稅，如在黃浦一樣。（2）賠款六百萬元，五年交清。

（3）中、英官吏平等。（4）廣州於道光二十一年正月初旬復市。在英國方面，即時退還定海。此約是琦善外交的結晶。最重要的就是割讓香港。在定約的時候，琦善已經接到了不許割地不許賠款的諭旨。照法律他當然有違旨的罪。但從政治看來，琦善的草約是當時時勢所許可的最優的條件，最少的損失。我們倘與《南京條約》相較，就能斷定《穿鼻草約》是琦善外交的大勝利。《南京條約》完全割香港，《穿鼻草約》尚保留中國在香港收稅的權利。《南京條約》開五口通商，《穿鼻草約》仍是廣東一口通商。《南京條約》賠款二千一百萬元，《穿鼻草約》賠款只六百萬元。我們倘又記得義律因訂《穿鼻草約》大受了巴麥尊的斥責，我們更能佩服琦善外交了。

定了此約以後，琦善苦口婆心的求朝廷批准，二十一年正月二十五到京的奏摺可說是他最後的努力。他說戰爭是萬不可能，因為地勢無要可扼，軍械無利可恃，兵力不固，民心不堅。「奴才再次思維，一身所繫猶小，而國計民生之同關休戚者甚且遠。蓋奴才獲咎於打仗之未能取勝，與獲咎於辦理之未合宸謨，同一待罪，餘生何所顧惜。然奴才獲咎於辦理之未合宸謨，而廣東之疆地民生猶得仰賴聖主鴻福，藉保乂安。如奴才獲咎於打仗之未能取勝，則損天威而害民生，而辦理更無從措手。」宣宗的硃批說：「朕斷不似汝之甘受逆夷欺侮戲弄，迷而不返。膽敢背朕諭旨，仍然接遞逆書，代逆懇求，實出情理之外，是何肺腑，無能不堪之至！」「琦善着革去大學士，拔去花翎，仍交部嚴加議處。」部議尚未定奪，怡良報告英佔據香港的奏摺已於二月初六到了北京。宣宗即降旨：「琦善着革職鎖拿，……家產即行查抄入官。」北京審判的不公，已於上文說明。

琦善與鴉片戰爭的關係，在軍事方面，無可稱讚，亦無可責備。在外交方面，他實在是遠超時人，因為他審察中外強弱的形勢和權衡利害的輕重，遠在時人之上。雖然，琦善在中國歷史上的地位不能算重要，宣宗以後又赦免了他，使他作了一任陝甘總督，一任雲貴總督。他既知中國不如英國之強，他應該提倡自強如同治時代的奕訢、文祥及曾、左、李諸人，但他對於國家的自強竟不提及。林則徐雖同有此病，但林於中外的形勢實不及琦善那樣的明白。

（原載：《清華學報》第六卷 第三期 社會科學號

中華民國二十年十月）

二、民族復興的一個條件

凡抱有事業志願而入政界者，十之八九在極短的時期內無不感歎
的說："在中國作官可以；作官而要同時作事，很困難；作事而又認
真，很危險；認真而且有計劃，那簡直是不可能。"為作官而作官的，
只要人人敷衍，事事通融，反得久於其位，步步高升。官場最不可缺
的品格是圓滑，最寶貴的技術是應付。這種自然的淘汰是淘汰民族中
之強者、有能為者，保留民族中之弱者、庸碌無能者。

這種風氣的盛行已太久了，在前清宣統年間，全國所認為罪魁的
是盛宣懷。其實當時的權貴，哪一個作的事之多且大可以比得盛宣
懷？社會對其貪污之厭棄，固是公論，但對其他創造之事業曾無一詞
的讚許，這豈算得公道？在光緒年間，權臣最受御史的彈劾及清議的
批評的就是李鴻章。其實在光緒一朝，集其他人物的一切事業還不及
李鴻章的事業的一半。在中國幾千年的歷史中，有幾個人敢於大規模
的改造傳統的制度？這幾個人的名譽又如何？秦始皇創造了大一統的
中國，而論者只知其"暴"，那班假託為封建諸侯復仇的反得着了
二千餘年的士大夫的同情。王莽及王安石乃我民族僅有的社會經濟改
造家，而二人之為奸，在士大夫的眼光裏，只有程度的差別。這種空
氣只能培養高官達爵，不能產生事業家。

政界如此，其他各界亦復如此。最可痛心的是這種病態心理已深
入教育界。現在在這界服務的人大多數只願擔任教學，不敢擔任行政；
擔任教學的人大多數又只願講學，不願督學。我國教育之宜改良，這
是人人承認的。但是教育部長、校長、院長、系主任一動手改革，那
就滿城風雨了。若以報紙所載的為根據，中國人的理想大學是這樣的：

對教職員無論如何不裁人;對學生不收學費,津貼愈多愈好,按期發文憑。其實在我國的學術早已化成資格的造就。科舉雖廢了,科舉的心理尚存在。

世界上只有一個民族,其注重個人主義可以與我們相比,那就是盎格魯撒格遜人,但是他們以自食其力為榮,食人之力為恥;我們以自食其力為恥,食人之力為榮。他們崇拜英雄、事業家;我們不崇拜。在他們的社會裏,不作事而說便宜話的沒有立身之地;在我們這社會裏,不作事者的罵人就是清議。英美是民治制度最發達的國家,但英美人民並不惜以重權付諸其領袖;我們號稱幾千年專制的國家,但在我們中間,有一人操權,就有百人忌他、罵他、破壞他。英美的個人主義是為個人謀創造的自由及機會,同時鼓勵別人的創造;我們只有地位慾,我們不圖創造,亦不容別人創造。

前幾年,有位青年朋友來找我,要我替他在南京政府裏謀一差事。我問他能作甚麼,希望甚麼薪金。他說他能抄寫,希望六七十元一月。我就告訴他,這六七十塊錢也是人民出的,應該替人民作六七十塊錢的事情。他的回答很憤慨:“在南京拿六七百元一月而全不作事的太多了,你何必計較這六七十元呢?”三十幾年以前,中俄合辦中東鐵路的時候,俄國要保存合辦名而實行獨辦,於是把位高祿厚無事的督辦位置給中國人作;我們以為佔了便宜,於是心滿意足。近代在所謂中外合辦的事業上,外人利用我民族這種弱點者還不僅俄國。

我們不要以為我們幾千年來一切的國難都敷衍過去,這一次也能敷衍過去。我們現在所處的局勢是幾千年來未有之變局。美國提高銀價,我們的農工商業就受重大打擊:只有國家積極的政策始能挽回萬一。英國要聯日以制俄,我們就成了英國送給日本的禮物:這也不是靠圓滑的無為所能阻止的。日本放棄金本位，我們的幼稚工業就受壓迫：這不是各工廠各自努力所能抵抗的。日本要為大和民族謀萬世安全，我們就發生存亡的問題：這不是我們"獨善其身"的傳統哲學所能補救的。這種外來的壓力，如同黃河長江的洪水，非有強有力的政府，積極作事的政府，及全國的總動員，是無法抵禦的。現在的世界是個積極的世界，事業的世界。

在這個當兒，我以為我們要首先改革我們的人生觀。圓滑、通融、敷衍，以及甚麼消極、清高都應該打倒。我們要作事。我們要修路、要治河、要立煉鋼廠、要改良棉種麥種、要多立學校、立更好的學校。我們要作事，吃苦的要作事，捱罵也要作事。官可不作事要作。別的可以犧牲，事業不可犧牲。作事的人，我們要擁護、要崇拜。說便宜話的人，縱使其話說得十分漂亮，我們要鄙視。對一切公私事業，只要大政方針不錯，我們只有善意的批評，沒有惡意的破壞。我們知道，我們現在所作的事業都是新事業，是我民族沒有經驗過的事業。作或者要作錯，不作則永遠作不好。作尚有一線之望，不作等於坐以待斃。

革除地位的人生觀，抱定事業的人生觀：這是我民族復興先決條件。

（原載一九三四年七月八日《大公報》）

三、國家的力量

　　研究自然科學者，總不至專講理論而不顧事實，更不會提出與事實相違背的理論。研究政治經濟及人文學科的人，往往高唱理論全不顧事實。他們當中以為只要理論是高尚的，事實可以不問，這是一個很危險的態度。

　　近代世界的文明，無論在物質方面，精神方面，當然有很大的進步。這是我們不能否認的事情。假使我們以為在文明進步期間，我們就可以不講究國家力量，那就大大錯誤了。

　　我們打開歷史一看，知道國際戰爭不限於某一時代或某一政治經濟制度。資本主義國家在近一二百年內，確實推行過高度帝國主義，侵略過中國及其他許多國家。但是，在近代之前，我們也受過侵略，最顯明的是遼金元的侵略，我們知道遼金元不但不是資本主義國家，簡直就是遊牧民族。滿洲入關，他們也談不到工業資本，他們是半遊牧半農業民族。從歐洲歷史上，我們知道石器時代的人，也曾經組織過國家，國與國間也相互併爭，戰爭與侵略實在是各個時代、各種社會、各種政制所不能避免的。

　　現在文明已經進步了，六十個國家已經組織了聯合國來制裁侵略者，來維持國與國之間和平。我們對於聯合國憲章十分表同情，對聯合國事業是十分合作。但是聯合國仍舊是幼稚機構，聯合國要演變到甚麼程度，今天沒有人敢預料。今天我們可以看清楚的是：聯合國沒有力量維持世界和平，如果任何國家把它的生存完全依靠聯合國，則簡直是兒戲。

　　文明雖有進步，在今天，世界沒有力量的國家，仍舊是不能共存的國家。我希望各位青年朋友，絕對不可一刻忘記這一基本事實。

我們所需要討論研究的，不是國家究竟要不要有力量，而是研究國家力量的因素及培養方法。

國家力量的因素之一，當然是土地和人口。

關於這個因素的看法，問題不在乎承認不承認土地和人口之重要，而在土地和人口以外，國防政治經濟的配合究竟怎樣？面積和人口的統計來講，十八世紀不到一千五百萬人口的英國，居然把兩萬萬人口的印度滅了。在道光年間，二千五百萬人口左右的英國，把四萬萬人口的大清帝國打敗了。在抗戰以前，據專家研究，中國人不分男女老幼，平均每年生產力等於美金三十元到四十元，在那時候，美國人不分男女老幼，平均每人生產力是一千元美金。這等於說，二十五個中國人的生產力抵得過一個美國人，人口多土地廣，若能夠善於利用，當然是個大資本，不然，反變成負擔了。

國家力量另一個因素是科學。

科學支配生產力，同時也支配國防力。現在最厲害的武器，當然是原子彈。世界國家中，能製造原子彈只有三個國家，英、美、蘇。能大量生產原子彈的僅美國一國。原子彈不說，我們只說飛機，世界國家中能製造飛機的國家數目有限。別的國家如要建設空軍，總是全部的、或局部的依靠這些能生產飛機的國家。有原子彈與沒有原子彈的國家相比，不僅是不平等，簡直是不同類。好像虎豹與牛羊一樣之不同類。現在沒有空軍還能有國防嗎？靠外國製造來建設空軍，又何等危險！

無論從國防或經濟着想，科學的重要，我想大家都承認的，我並非說科學萬能，我也不能說單靠科學我們便可以建國，我可以說科學的作用簡直是無限的，沒有科學的國家是不能長久生存的。

　　我們稍為看看科學生產能力的偉大。英國和日本都不是出棉花的國家，因為英國和日本培養許多科學家和工程師，英國和日本都有很大紡織業，英日紡織品甚至在國際市場上都佔很重要的地位。

　　德國不是一個地大物博的國家，沒有石油，沒有橡膠，沒有錫、鎢、銻。在第二次世界大戰中，德國軍隊之機械化程度，不在任何國家之下。

　　丹麥面積比我們台灣島面積大十分之一，人口只有台灣島之一半，在一九五一年，丹麥進出口貿易達十七億八千萬美金，丹麥還只是一個農業國家。

　　比利時面積比台灣島小三千方英里，人口與台灣島差不多，在一九五一年比利時的國際貿易達四十五億四千萬美金，比利時是個工業國家。

　　台灣島的經濟事業近來實在有很大進步，現在島上生產力及生活水準，在亞洲各國之上，卻與歐洲一比起來，我們便差遠了，我們可能發展的程度還是很高的。如果，我們把島內生產力增加十倍，我們才可以與西洋國家比較。

　　國家力量還有一個因素，那便是政治。

　　政治統一的國家比較有力量，內部不統一的國家，比較沒有力量。十九世紀初葉，奧匈帝國當時是世界五強之一，因為那個帝國內部分裂，今天簡直不存在了。法國物產豐富，科學發達，第二次大戰後，法國的經濟也有長足的進步，但是法國政治派別很多，沒有一黨能夠單獨組閣，所以他政府壽命總是幾個月，這是法國國力所以不能充分發揮的最大原因。在第一次世界大戰的頭兩年，法國黨派的競爭仍舊不停，以致國力薄弱。到了一九一七年，由克列孟梭領導，法國人組織了所謂神聖團結 Union Sacrieo。全法國的人民，不分黨派，團結起來，只求打退德國的侵略者，關於其他一切的爭執，能擱置則擱置，不能擱置則彼此退讓，法國終究轉敗為勝。今天我們所需要的是這種神聖團結。

內部的統一也有各種不同的方法，希特勒、墨索里尼及日本軍閥，關於統一國家工作做得最徹底，但是因為領導不得法，在第二次大戰中，三國都戰敗了。蘇俄今天內部是百分之百的統一，他這種統一，利弊參半，表面上看起來很強，但是我認為這種政治力量是不能持久的，因為它這種統一是死板的、違反人性的。

從國家力量着想，究竟哪一種制度好？政治學家到今日還沒有任何一個原則可以貢獻給我們。大體說來，我認為民主政治是最有力量的政治。民主政治的推動要靠朝野之通力合作。有人說，英國政治的高明全在乎英國人承認對反對黨，不但有權力反對政府，並且有責任反對政府。不過事實上不是這樣簡單，在英國政治歷史上，最要緊的奧妙，是英國政治早就培養一種負責的反對。政府要民意支持才發生力量，反對黨也必須有民意的支持才發生力量。如果反對黨員唱高調或為私人或小組織謀利，久而久之，人民必要厭棄這種反對黨。中國政治最大問題，一則在反對黨是否有法律上反對的權利，二則在反對黨的反對是否負責任的，具有建設性的及能代表民意的。

革命的國家都喜歡談政治制度，這是很自然的事。每次經過一段革命，必有新制度的產生。到這個階段，許多講新政者，好像打圖案蓋房子一樣，結果許多新制度在社會上不能生根，運用起來，一點不靈活。有的時候，制度雖然是新的，運用的精神還是舊的，結果，有舊的壞處，而無新的好處，其實政制是一種有機性的東西，要適宜於當地的土壤及氣候，那就是說，要適合人民生活習慣，知識水準及政治經驗。政治設施不能根據抽象主義，革命是不得已的事情，改革也需要時間。有些國家因為有了革命而復興，有些國家經過一次又一次革命而至於滅亡。政治制度和政策與國家力量生長是有很大關係。

文藝也是國家力量一種重要因素。

法國今天國際地位得力於法國的藝術創作不少。波蘭民族精神保存以至亡國後一百五十年而復興，不能不部分歸功於蕭邦 (Chopin) 的音樂。瑞典、挪威，因代代有偉大文學家出現，在西洋精神生活上總居先進地位，這兩國的武力與經濟力不能算為頭等，在國際間卻能得到各國欽佩。所以在近代外交中，文化水準是重要工具。我在紐約常看見某一國的畫展和某一個大文人到了紐約，不但聯合國各代表，就在一般紐約居民，對這一國的尊敬，自然就提高了。我們曾經出過偉大文學家及偉大的畫家，我相信我們中華民族有藝術天才，問題是我們是否能誘導青年興趣到文藝方面去？是否能對文藝有興趣的青年給他們相當機會與鼓勵？我們社會今天是否尊重文藝作家？我們風氣是否適合大作品的出現？要鼓勵及提高一國民族精神力量，其工具莫過於文學或藝術，我們現在處境是我們幾千年來最大危機，我們當然要軍力、經濟力、政治力，同時我們也需要很偉大的精神力量，這種力量不能不求諸我們的文藝家。

大國有大國的便宜，國家大小與存亡關係是很密切的，政治的高明，經濟生產力之優厚，及一般文化水準之高尚，世界國家中沒有超過捷克，究竟因為他太小了，所以在過去幾十年中一次亡於德國，最近又亡於蘇俄。

假使人口相等，面積相等的國家，他們間的等級決定於：(1) 科學的運用及生產力量之培養，(2) 全體人民能真心誠意擁護的政治制度，(3) 精神文化，因為這些因素不同，我們常常發現同樣人口、同樣面積的國家間，差別也很大。近十幾年來，因為工作關係，常與外國人士往來，我得着了一個堅決的信仰，那就是説：我們中國人是一個有作為有前途的民族，在科學政治及文藝各方面，我們的天才是無問題的，問題全在於天才的發揮。

（一九五四年五月十四日在台大法學院講演詞）

四、知識階級與政治

我這裏所講的知識階級是指專靠知識生活的人，那就是說，指一般以求知或傳知為職業者。這個階級包括教育界及輿論界，此外政界及法律界與知識階級最近，且最容易混合。工商醫界距離較遠，但其中亦常有人著書立論，以求影響一時的思潮，這類的人當然也要算為知識階級的。

知識階級與政治的關係固極重要，但不可言之過甚。在中國，因為以往讀書的目的和出路全在作官，又因為我們平素作文好說偏激和統括的話，於是有許多人把救國的責任全推在知識階級身上。自我們略知西洋歷史以後，一談法國革命就想起盧梭，一談蘇俄革命就想起馬克思和列寧。這些偉人不是知識階級的人物麼？他們所作的掀天動地的事業，我們也能作，至少我們這樣講。九一八以後，因為大局的危急，國人對知識階級的期望和責備就更深了。我們靠知識生活的人也有許多覺得救國的責任是我們義不容辭的，我們不負起這個重担來，好像就無人願負而又能負了。這樣的看法自然能給我們不少的安慰。

可惜這個看法忽略了幾個基本事實。第一，知識的力量雖大，但是也有限度，利害、感情、習慣、群眾心理往往抵消知識的能力，歷史家研究革命者並不全歸功或歸罪於某思想家。第二，中國人受過教育的太少了，思想的號召所能達到的是極有限制的，並且中國人太窮了，對於許多問題全憑個人利害定是非。第三，我們的知識階級，如國內其他階級一樣，也不健全的，許多忙於為自己找出路就無暇來替國家找出路了。我說這些話不是要為我們開脫責任，不過我覺得政治是全盤生活的反映，救國是各階級同時努力湊合而成的。知識階級當然應負一部份的責任，甚至比其他各階級要負較大一部份的責任。但是一個階級，如同一個私人，倘不知自己的限制，事事都幹起來，結果一事都無成。或者因為我們要負責而事實上又不能，就置國事於不聞不問了。有些因此抱悲觀，幾於要自殺。

在未談知識階級究竟對於政治的改良能有甚麼貢獻之先，我可指點出來兩個事件是知識階級所不應該作的。

第一，我們文人，知識階級的人，不應該勾結軍人來作政治的活動。幾十年來，文人想利用軍人來政治改革的不知有了多少，其結果沒有一次不是政治未改革而軍閥反產生了一大堆。康梁想利用軍人來改革，於是聯絡袁世凱。到戊戌變法最緊急的時候，袁世凱只顧了自己升官的機會，不惜犧牲全盤新政。我們絕不可說康梁是瞎眼的人，因為康梁的眼光並不在一般人之下。甲午以後，中國號稱知兵的人要算袁世凱的思想最新。光緒末年，新知識界的人由袁氏提拔出來的很多，新政由他提倡的或助成的也是不少。如果康梁可靠軍人來改革，那麼，無疑的他們應該找袁世凱。康梁以後的政治改革家，雖其改革方案不同，其改革方法則如出一轍。運動軍隊和軍人是清末到現在一切文人想在政界活動的惟一的法門。倘孫中山先生今日尚存在，看現在中國這可憐的狀況，他不會懊悔靠軍人來革命麼？

中國近二十年內亂之罪，與其歸之於武人，不如歸之於文人。武人思想比較簡單，慾望亦比較容易滿足。文人在一處不得志者，往往群集於他處，造出種種是非，盡他們挑釁離間之能事。久而久之，他們的主人翁就打起仗來了。他們為主人翁所草的宣言和通電都標榜很高尚的主義，很純粹的意志，好像國之興亡在此一舉。其實這些主義和意志與他們的主人翁是風馬牛不相及的，這些宣言和通電，有許多是他們的主人翁看都不看的。主人翁幸而得勝了，他們就作起大官來。不幸而失敗了，他們或隨主人翁退守一隅，以求捲土重來；或避居租界，慢慢的再勾結別的軍人。民國以來的歷史就是這個循環戲的表演。這樣的參加政治──文人參加政治的十之九是這樣的──當然不能使政治上軌道。

第二，知識階級的政治活動不可靠"口頭洋"。西洋政治制度和政治思想，當作學術來研究是很有興趣而且很有價值的，當作實際的政治主張未免太無聊了。愈講這些制度和思想，我們會愈離事實遠，而我們的意見愈不能一致。我們現在除中國固有的制度和學說以外，加上留美、留英、留法、留德、留俄、留日的學生所帶回的美、英、法、德、俄、日的各時代、各派別的思想和所擬的制度，我們包有中外古今的學說和制度了。難怪這些東西在我們的胃裏打架，使我們有胃病。我常想假使中國從初派留學生的時候到現在，所有學政治經濟的都集中於某一國的某一個大學，近二三十年的紛亂可以免去大部份。其實這些學說的制度在講者口裏不過是"口頭洋"，在聽者那方面完全是不可懂的外國話。我們的問題不是任何主義或任何制度的問題。我們的問題是飯碗問題，安寧問題。這些問題是政治的 ABC。字母沒有學會的時候，不必談文法，更不必談修辭學。

談有甚麼好處呢？自從回國以後，我所看見的政變已有了許多次。在兩派相爭的時候，双方的主張，倘能實行去來，我看都不錯。經過所謂政變以後，只有人變而無政變。所以我們的政變簡直是愈變愈一樣。使我最感困難的是兩派中的領袖都有誠心想幹好的，他們發表政治主張的時候，他們也有實在想作到的，並不是完全騙人。無非甲派所遇着的因難──政府沒有錢，同事要掣肘，社會無公論，外人要侵略等等──並不因為乙派的上台就忽然都消滅了。如果我們政治的主張都限於三五年內所能做到的，我們意見的沖突十之八九就沒有了。以往我們不談三五年內所能做，所應做的事，而談四五十年後的理想中國，結果發生了許多的爭執，以致目前大家公認為應做而能做的，都無法做了。

在政治後進的國家，許多改革的方案免不了抄襲政治先進的國家。在社會狀況和歷史背景相差不遠的國家之間，這種抄襲比較容易，且少危險；相差太遠了，則極難而又危險。俄國與歐西相差不如中國與歐西相差之遠，但在俄國，知識階級這種抄襲已引起了許多政治困難。蘇俄革命以前的十餘年，俄國政黨之中最有勢力的莫過於立憲民治黨（Constitutional Democratic Party，簡稱 Cadets），當時俄國的知識階級幾全屬於這一黨。他們所提出的政治方案即普選，國家主權在國會，責任內閣，及人權與民權。這個方案與俄國百分之八十的人民 —— 農民 —— 全不關痛癢。農民不但不想當議員閣員，連選舉權也不想要。至於人權，如言論自由，他們就無言論；出版自由，他們並不要出版。他們所要的是土地，而關於這點言論，立憲民治黨卻不注意了。這一黨的人才盛極一時，辦報，發宣言，著書，在國會裏辯論這一套是他們的特長。假使生長在英國，他們很可以與英國自由黨的人才比美。生長在俄國，他們總不能生根。他們的宣傳，很像中國學生在學校裏貼標語一樣，是對團體以內的，對於外界就絕無影響了。在俄國歷史上，這一黨惟一的貢獻是為共產黨開了路。盡了這點義務以後，它就成了廢物。中國的知識階級大可不必蹈俄國立憲民治黨的覆轍。

知識階級不能單獨負救國的責任，這是我在上文已經說過的。但是有兩件事是我們應該努力去作的。第一，中國不統一，內亂永不能免，內亂不免，軍隊永不能裁，而建設無從進行。近幾十年來的內亂，文人要負大部份的責任。我們應該積極的擁護中央，中央有錯：我們設法糾正，不能糾正的話，我們還是擁護中央，因為它是中央。我以為中國有一個強而有力的中央政府，縱使它不滿人望，比有三四個各自為政的好，既使這三四個小朝廷好像都是勵精圖治的。我更以為中國要有好政府必須有一個政府始。許多人說政府不好不能統一，我說政權不統一，政府不能好。

現在政府的缺點大部份不是因為人的問題，是因為事的問題。我們既沒有現代的經濟，現代的社會，現代的人民，哪能有現代的政治？那麼，要建設現代的經濟社會，培養現代人民，這不是亂世所能於的事。同時只要有個強而有力中央政府能維持國內的安寧，各種事業——工業、商業、交通、教育——就自然而然的會進步。就是政府采取胡適之先生所謂"無為"的主義，這些事業也會進步。現在國內各界人士都有前進的計畫和志願，因為時局不定，誰也不敢放手作去。

同時所謂中央政府的缺點，許多因為它是中央，全國注目所在，一有錯處，容易發現，關於中央的新聞比較多且佔較要的位置，局面較大，因之應付較難。民眾對於內戰和內爭的態度，如同對國際戰爭一樣，總是表同情於小者弱者。實在中央政府大概說來要比地方政府高明，並且中央的缺點，既基於事實，不是換了當局者就能免除的。

第二，我們知識階級的人應該努力作現代人，造現代人。現代人相信知識，計畫，組織。現代人以公益為私益。現代人是動的，不是靜的；是入世的，不是出世的。現代人的體格與精神是整個而不能分的。中國近幾十年來，女子的近代化的進步較速於男子的近代化。男子，青年的男子，還有許多頭不能抬，背不能直，手不能動，腿不能跑，從體格上說，他們不配稱現代人。從知識上說，我們——男女

都在內 —— 還是偏靠書本，不靠實事實物。許多的時候，我們還不知道甚麼是知識，甚麼不是知識；關於甚麼問題，我們配發言論，關於甚麼事體，我們不配發言論。曾未學醫的人，忽然大談起藥性來；曾未到過西北去的人，居然擬開發西北的具體計畫；平素絕不注意國際關係的，大胆的要求政府宣戰。一年級的學生也能夠告訴校長大學應該怎樣辦，從未進過工廠的人大談起勞資問題來，不知一六五〇年是在十七世紀的人硬要說歷史是唯物的。現代人的知識或都不比中古的人多，但真正的現代人知道甚麼是他所知道而可發言的，甚麼是他不知道而不應該發言的。以上所舉的例子足夠表示我們離現代化的遠，換句話說，我們這個階級自身是極不健全的。分內的事沒有作好，很難干涉分外的事。自身愈健全，然後可以博得他界的信仰。倘若近數十年中國教育界的人和新聞界的人有了上文所舉的現代人特徵，我們的政治也不得壞到這種田地了。

二十二年五月二十一日
（原載《獨立評論》第五十一號）

五、漫談知識分子的時代使命

實際政治大部份是利益集團的鬥爭，在馬克斯學說未風行以前，西洋的政論家，無論是左傾或右傾，都公開承認這一點。美國開國時期的領袖甚至故意設法使資產階級能永久把握政權。許多馬克斯的理論，在馬克斯以前，就有人宣佈過，而且有些是右傾分子宣佈過的，馬克思對於政治運動的特殊貢獻是勞工階級專政的學說。這種鼓動引起了不少的心理恐怖，於是有許多言論家諱言政治與經濟的密切關係，好像政治，尤其是民主政治，是超階級利益的。其實在民主之下，利益集團的鬥爭是日夜不停的。

在英美社會裏，知識分子並不獨自成立階級。各種職業，連買賣業在內，都能吸收知識分子。靠知識吃飯的公教人員，因其所得待遇的優裕，實是中產階級，其利害關係與一般工商界是打成一片的。英美教育的普及和文字的簡明使知識分子與非知識分子之間不能有清白的界線。

學者和專家，在英美社會裏，並沒有政治的號召力。除非他們把學問掩飾起來，故意操老百姓的腔調，他們是不能得選民擁護的。英美政客的技術之一種在使老百姓把他們當作自己人看待。至於工商界的巨頭，他們自以為經驗豐富，遇事都有辦法，更不要請教於“不切實際的書虫”。

在我們這裏，無論是老百姓或是商界的人士，對於學者尚保存幾分傳統的尊重。究竟幾十年以後，知識階級的社會地位將演變到甚麼田地，此刻尚不能預料。我們的社會已開始變動。工商界已開始吸收知識分子，而出身知識界的商人與工業家有些不但自己喪失書生的面目，並且對於學者已帶幾分鄙視之意。在我們這裏，如同在英美一樣，久而久之，各種利益集團必會有組織的企圖把握國家的大政，目前的一二十年或者是知識分子左右政治的最後的一個機會。談政治，最忌憑空創設烏托邦或假定某一分的人天生聖賢。人情並無國別的或階級的天生差異，我們為甚麼迷信知識分子在現階段的中國能夠而且應該負擔特殊使命呢？

士大夫恥言利，這是我們的傳統，歷代的聖賢講究立功、立德、立言，卻沒有半句話講發財的。時至今日，這種傳統尚有幾分效力。一般知識分子並不夢想作煤油大王、鋼鐵大王，或任何其他金錢大王，他們祈求的是適當的工作機會。他們的生活目的是事業的成就，而不是金錢。當然他們希望生活安定，衣食有着落，子女能受較好的教育，工作的設備和環境要適當。這些物質慾望是自然的、合理的，而且所費是有限的。這種人生觀是事業的人生觀，不是金錢的人生觀。這是從工作本身找樂趣，其出發點和原動力是工作慾，不是收穫慾，是匠人心的發揮，不是商人心的表現。

中外古今文化的進步發源於匠人心者遠過於發源於商人心者，這種匠心（Instrinct of Work-manship）是文化的源泉。文學美術的創造以及政治經濟制度的創造只能靠匠心而不能靠金錢。杜工部和白樂天的心目中並沒有稿費或版稅，莎士比亞把戲劇作為他的玩意兒也就是他的性命，樂聖斐蒂歐文應內心的驅使而編樂譜，巴斯得的研究細菌，居里夫婦的研究鐳質，都是匠心和工作慾的發揮，與金錢慾沒有關係。孫中山的革命，羅斯福的新政是想治國平天下，不是想個人發財。

英國經濟史家唐恩教授（R.H.Tawney）常說尚利的社會（Acquisitive Society）是近代文化的產物。在中古，生產能力雖有限，生活狀況雖很苦，個人發財既不是通行的人生觀，也不是社會習慣及制度所許可的。自宗教革命以後，各種保障社會的傳統逐漸廢棄，而個人發財的自由及風氣遂成為近代文明的特色。學者及一般人們甚至認定自由爭利是一切進步的原動力，聰明才智之士也以聚財的多寡為一生成敗的尺度。

循尚利的路線走到盡頭以後，西洋的社會已經有人發現前面是死胡同。近二三十年來，不僅有些科學家和工程師覺得自由爭利不能充作高尚文化的基本動力，就是企業界的巨頭也有人覺悟。現在英美社會的聰明才智之士走事業的路線者逐漸加多，走金錢路線者日形減少。三年前我參觀 T.V.A 的時候，發現其中有不少的技術專家及管理員情願接受較低的薪津而繼續為佃列西河流域的開發努力，不願改就私公司的職務，縱使公司可以給他們數倍的金錢報酬。他們覺得工作的愉快及工作的社會意義是他們最大的收穫，至於金錢，T.V.A 雖不能使他們成為富翁，一切合理的慾望也都能滿足。

在我們這裏，如果知識分子能保存士大夫傳統的氣節，我們可能超度西洋近三百年的歷史。孫中山之所以堅持民族、民權、民生三種革命要同時並進，就是縮短歷史的過程。現在工程師在國內所幹的事業都帶幾分縮短歷史的性質。在制度及機械方面能作的事，我們在道德方面應該也能作。何況事業的人生觀是中國書生的本來面目呢？

在長期抗戰的階段之中，知識分子，除少數市儈之外，大多數概普羅化了。他們對金錢勢力的橫暴及民眾生活的困難均得了更深刻的認識。原來想潔身自好者，現在知道在這種社會之中自好無從好起。知識分子傳統的人生觀及傳統的社會地位，加上最近十年的磨練，使他們對新國家的建設能有很大的貢獻。

中國的知識分子大多數來自小資產階級的家庭，富翁在我們這裏本來是極少數的極少數，而富門子弟又多不願出知識的代價。國人現在尚不了解我們知識分子求知的困難。一個中國人在國文上所費的時間要三倍於一個英國人或法國人費在英文或法文上的時間，然後能得同等的程度。因為新知識出版品的缺乏，我們不能不學一種外國文，而我們在英文或法文上所費的時間又要三倍於一個英國人在法文上或德文上所費的時間，始能得同等的程度。除非文字有很大的改革，知識分子必是人民中的極少數。他們雖不是勞動階級的子弟，卻知道稼穡的艱難。他們自己求知所受的痛苦就不亞於種地的鄉下人。

這種知識分子踏出校門以後，百分之九十九並無家庭資本可以辦工業。他們大多數還是作公務人員，投身事業界者仍是以參加國營事業者居多數。換句話說，知識分子的出路在於作官，教育官、行政官、事業官。名義雖不同，靠公家薪津吃飯則是一致的。所以在中國知識分子與政治的關係是切身的。

事實雖是如此，知識分子卻不肯充分承認。他們中間至今尚有人在做夢。一種夢是教育清高而作官不清高。另一種則以為唯獨作官是光榮。其實教學可以清高，普通也是清高，但作官也可以清高，應該清高；作官可以得光榮，也可以不得光榮，並且教書、作工程師、行醫、當律師，都是光榮的。

中國的官僚百分之九十來自知識界，但是知識分子最喜歡罵官僚。在朝的知識分子和在野的知識分子形成兩個對壘。其實在朝的與在野的，無論在知識方面，或在道德方面，是不相上下的。據我的觀察，官吏百分之九十想奉公守法、努力作事，百分之七十能與環境奮鬥，只有百分之二十為環境所克服而作違心的事情。如果環境改善，中國的官吏在工作效率上及操守上，可以不落在任何別國官吏之下。社會感覺官吏的壓迫，殊不知官吏深感社會的壓迫。社會總是說政府

的賞罰不公，其實社會的輿論對公務人員也是賞罰不公的。政府與社
會就是難兄難弟，兩者都是不夠近代化。

沙學浚先生在本刊的第十六期提到開明分子組織政黨的困難。他
說：

> 在團體活動中，他們（開明分子）往往胸襟狹、氣量
> 小、有學問不一定有能力，尤其是領袖能力和組織能力；
> 他們往往過於自信，過於自尊，因而漠視紀律、輕視旁
> 人，這就成了既"不能令，又不受命"的人。

沙先生所指出的毛病當然是實在的，而且是可歎息的。這種毛病
是各國文人最容易犯的。"文章都是自己的好"。不過學問與技術，
雖沒有明顯的尺度，究竟比文章要客觀一點。所以現在知識階級領袖
的產生比以先實在容易多了，自然多了。

近來經濟學者對世界經濟前途大體上是抱樂觀論的。他們覺得有
了近代的科學，全世界的生產效能及生活水準均能大大的提高。他們
並且相信一國的窮困間接是其他各國的禍患，反過來說，一國的富庶
直接間接能使其他國家受益。在經濟上，這是一個整個共存共榮的世
界。如果各國的外交政策全憑經濟元素決定，國際的合作應能順利的
實現。

在一國之內，各種事業也是互相依賴的。我們如以事業的人生觀
為出發點，我們必感覺中國可作應作的事太多了。我們彼此之間只可
用加法乘法，絕無減法除法的必要。據我個人的經驗，朋友們對我們
用加法乘法者遠多用減法除法者。士大夫的傳統在這方面已起始改
善。

沙先生所舉的困難雖然是實在的，加速的近代化在這個歷史過程

中，毫無疑問的，知識分子應該居領導地位。

在政治上，中國正圖從武力政治過渡到輿論政治，這種過渡亦應該由知識分子加以推動。

在經濟上，中國的資源亟待開發，而開發的後果亟應設法使其能為全體人民所享受。這種使命尤其要知識分子負擔。

（原載《世紀評論》第一卷第二十四期）

六、革命與專制

　　自閩變（註：即福建事變，指 1933 年 11 月 20 日，李濟深、陳銘樞、蔣光鼐、蔡廷鍇等人，在福建發動的反蔣事件。）的消息傳出以後，全國人士都覺得國家的前途是漆黑的。中國現在似乎到了一種田地，不革命沒有出路，革命也是沒有出路。

　　你說不革命罷，這個政府確不滿人意。要想使它滿人意，單憑理論是不行的。倘若你手無槍桿，無論你怎麼有理，政府 —— 上自中央，下至縣市 —— 充其量，都是忌而不顧的。因為政府倘若要顧的話，不是政府裏面的人的私利受損失，就是外面有槍桿的人的私利受損失。胡漢民先生近來說，政府這兩年來沒有作一件好事。這句話，一方面是過分，一方面是不足。過分，因為好事確作過，但不濟於事，且所作的好事恐怕還抵不過所作的壞事。不足，因為不但這兩年的政府是如此，近二十年的政府何嘗又不是如此？其實，中國近二十年來沒有一個差強人意的政府，也沒有一個罪惡貫盈的政府。極好極壞的政府都只在地方實現過，沒在中央實現過。因為中央就是有意作好，它沒有能力來全作好；中央就是有意作惡，它也沒有能力來作極惡。這二十年，從袁世凱到蔣介石，各種黨派，各種人物，都當過政，大致都是如此的。照我個人看起來，就是北洋軍閥如袁、段、吳、張，都是想作好的，但是無了不得的成績可言。因為他們的力量都費在對付政敵上去了。在對付政敵的時候，他們就不得不犧牲建設來養軍，不得不只顧成敗，不擇手段。問題不是人的問題，是環境的問題。在這個環境裏，無論是誰都作不出大好事來。中國基本的形勢是：政權不統一，政府不得好。

你説革命罷，我們的革命總是愈革愈不革。假若我們説，我們有個真實為人民謀利益，為國家求富強的革命黨，它能濟事麼？在現今割據的環境之下，它能以全盤精力來改造社會麼？它斷然也是不能的。它的精力也會費在對付政敵上。它也必須打仗，必須練軍，必須籌餉。在它的統治之下，無論它怎樣想為人民謀利益，人民的負擔也是不能減輕的。且在這環境裏，它也不能擇手段，附和者只好聯絡或收容。久而久之，所謂革命軍大半就不是革命軍了，所謂革命黨也不革命，只爭地盤，搶官作了。等到事情過去以後，人民只出了代價，絕沒有得着收穫。

這個代價之高，是我們不可思議的。我們中國近二十年為革命而犧牲的生命財產，人民為革命所受的痛苦，誰能統計呢？此外因內爭而致各派競相賣國更不堪設想。孫中山先生革命目的之純潔大概是國人所共識的，但二次革命失敗以後，他也不惜出重價以謀日人的協助。民國三年五月十一日，他寫給大隈伯的信有這樣一段：

> 顧以革命軍之自力，而無援助，則其收功之遲速難易非可預期。……日本與中國地勢接近，利害密切，求革命之助以日本為先者，勢也。……日本既助中國，改良其政教，開發天然之富源，則兩國上自政府，下至人民，相互親善之關係，必非他國之所能同。可開放中國全國之市場，以惠日本之工商，日本不啻獨佔貿易上之利益。……中國恢復關稅自主權，則當與日本關稅同盟，日本製造品銷入中國者免稅，中國原料輸入日本者亦免稅。

孫先生不但願意出此大價，並且要大隈伯知道他所出的價是比袁世凱所願意出的還大。在這封書內，他繼續又説：

現在之中國，以袁世凱當國，彼不審東亞之大勢，佯
與日本周旋而陰事排斥，雖有均等之機會，日本亦不能與
他人相馳逐。近如漢冶萍事件，招商局事件，延長煤油事
件，或政府依違其間，而嗾使民間反對，或其權利已許日
本，而翻授之他國。（看參王芸生輯《六十年中國與日本》
六卷頁三四至三五）

以孫中山的偉大人格尚且出此，其他革命家不屑說了。中國現在
談革命，就離不開內戰。一加入戰爭，無論是對內或對外的戰爭，那
就無暇擇手段了。這也不是個人的問題，是個環境的問題。比較說來，
已得權者給外人的利總是比未得權者要低些。此中心理，孫先生也說
過：

就另一方面而言，則中國革命黨事前無一強國以為
助，其希望亦難達到。故現時革命黨望助至切，而日本能
助革命黨，則有大利。所謂相需至殷，相成至大者此也。

革命黨既然靠外援來奪取政權，執政者亦只能以同樣手段對付。
民國三年八月十三日袁政府的外交總長孫寶琦給駐日公使陸宗輿的電
報有這一段："我政府正籌中日免除根本誤會，以圖經濟聯絡之法。"
後四天的電報又說："前小幡面告，日政府確有取締亂黨之意，望代
達主座。日前又提議，中國如願日本實行，可提出希望條件，惟須有
交換利益，日本方可對付。"

這樣的革命，多革一次，中國就多革去一塊。久而久之，中國就
會革完了。讀者不要以為我故意張大其詞，孫袁的競爭不過是個例
子。假若不為篇幅所限，我可証明民國以來的外交，沒有一次外交當
局不受內戰的掣肘，我更能証明沒有一次內戰沒有被外人利用來作侵

略的工具。 “九一八事變” 為甚麼在民國二十年的九一八發生呢？一則因為彼時遠東無國際勢力的均衡，二則因為日本人知道彼時中央為江西共黨所累，為西南反蔣運動所制，絕無能力來抵抗。在中國近年的革命，雖其目的十分純潔，其自然的影響是國權和國土的喪失。我們沒有革命的能力和革命的資格。在我們這個國家，革命是宗敗家滅國的奢侈品。

這是就目的純潔的革命說。但是誰能擔保目的是純潔呢，誰敢說中國今日能有一個 “為人民謀利益，為國家求富強的革命黨” 呢？我們平日批評西洋的政治，說是資產階級壓迫勞工的政治。無論如何，西洋至少尚有為階級謀利益的政治。我們連這個都沒有，我們的政治都是為個人及其親戚朋友謀利益的政治。所謂革命家十之八九不是失意的政客，就是有野心的軍人；加入革命的普通人員不是無出路的青年，就是無飯吃而目不識丁的農民。這種人，如革命能改除一時的痛苦就革命，如作漢奸能解除目前的痛苦就作漢奸。拿這種材料來作建設理想社會的基礎，那是不可能的。

從歷史上看來，這種現象是極自然的，哪一國都不是例外。西洋英法俄諸革命先進國，原先都與中國一樣，有內亂而無革命。如同英國，在十五世紀，所謂玫瑰戰爭，也是打來打去，絕無成績的。在十五世紀末年，亨利七世統一了英國而起始所謂頓頭朝代（Tudor Dynasty，註：又譯為都鐸王朝）百年的專制。在這百年之內，英人得休息生養，精神上及物質上成了一個民族國家（National state）。等到十七世紀，政治的衝突於是得形成實在的革命，史學家共認沒有十六世紀頓頭的專制就不能有十七世紀的革命。法國在十六世紀正處內亂時期，奇斯（Guise）及布彭（Burbon，註：又譯為波旁）兩系的循環戰爭鬧得民不聊生。彼時有識之士如 Bodin 及 L'Hopital 一流人物就大提倡息爭主義，以息爭為法國第一急務。在這種思想潮流之中，看透了內戰的全無意義，及絕不能有意義，於是布彭的亨利四世收拾了時局，建設了二百年布彭專制的基礎。經過路易十四光明專制之後，法國也成了一個民族國家。於是在十八世紀末年，政治一起衝突，法人就能真正革命。因為專制的布彭朝培養了法人的革命力量。換句話說，經過布彭朝的專制，革命不致引起割據，民族的意識太深了，不容割據發生，王權雖打倒了，社會上有現成的階級能作新政權的中心；外國雖想趁機漁利，法人的物質及精神文化均足以抵禦外侮。所以法國史家常說，布彭朝有功於法國十八世紀末年的革命。俄國亦復如此，在十六世紀末年及十七世紀初年，俄國也只能有內亂，不能有革命。經過羅馬羅夫朝（註：又譯為羅曼諾夫王朝）三百年的專制，然後列寧及杜落斯基（註：即托洛茨基）始能造成他的偉業。世人徒知列寧推倒了羅馬羅夫朝代，忽略了這朝代給革命家留下了很可貴的產業。第一，俄國在這三百年內，從一個朝代國家(dynasticstate)長成為一個民族國家，革命就不能有割據的流弊。第二，專制的羅馬羅夫朝養成一個知識階級能當新政權的中核。第三，專制時代提高了俄國的物質文明，使援助白黨的外人無能為力。

中國現在的局面正像英國未經頓頭專制，法國未經布彭專制，俄國未經羅馬羅夫專制以前的形勢一樣。我們現在也只能有內亂，不能有真正的革命。我們雖然經過幾千年的專制，不幸我們的專制君主，因為環境的特別，沒有盡他們的歷史職責。滿清給民國的遺產是極壞的，不夠作革命的資本的。第一，我們的國家仍舊是個朝代國家，一班人民的公忠是對個人或家庭或地方的，不是對國家的。第二，我們的專制君主並沒有遺留可作新政權中心的階級，其實中國專制政體的歷史使命就是摧殘皇室以外一切可作政權中心的階級和制度，結果，皇室倒了，國家就成一盤散沙了。第三，在專制政體之下，我們的物質文明太落伍了，我們一起革命，外人就能漁利，我們簡直無抵抗的能力。

總之，各國的政治史都分為兩個階段，第一是建國，第二步才是用國來謀幸福。我們第一步工作是還沒有作，談不到第二步。西人有個格言，說更好的往往是好的之敵人。中國現在的所謂革命就是建國的一個大障礙。現在在中國作國民，應該把內戰用客觀的態度，當作一種歷史的過程看，如同醫生研究生理一樣。統一的勢力是我們國體的生長力，我們應該培養；破壞統一的勢力是我們國體的病菌，我們應該剪除。我們現在的問題是國家存在與不存在的問題，不是個哪種國家的問題。

十二月三日

（原載《獨立評論》第八十號）